Heinz Ludwig Wüst

„...glaabscht dann des?"

Gedichte, Geschichten und

Anekdoten aus der Pfalz

Gereimtheite und U´gereimtheite

Heiter – ironisch - besinnlich

2. Auflage

Kapitelverzeichnis:

Kapitel 1	Menschen wie du un ich – un annere	Seite 6
Kapitel 2	Holdi Weiblichkeit, die Fraa	Seite 34
Kapitel 3	Ä bissl Technik – ä bissl gschäftlich	Seite 58
Kapitel 4	Viechereie	Seite 67
Kapitel 5	Ä bissl alles durchenanner	Seite 81
Kapitel 6	Rund um die Kerch	Seite 101
Kapitel 7	Besinnlich unn nooch*denklich*	Seite 114
Kapitel 8	Wortschbielereie	Seite 126
Kapitel 9	Jenseits vun de Palz	Seite 135
Kapitel 10	Geschichte unn Anekdote	Seite 143
	*Inhalts*verzeichnis	Seite 166
	Übersetzungen	Seite 175

Für die Richtigkeit der in diesem Buch erwähnten ISBN-Nummern anderer Werke wird keine Haftung übernommen.

Bibliografische Information der Deutschen Nationalbibliothek:

Die Deutsche Nationalbibliothek verzeichnet diese Publikation in der Deutschen Nationalbibliografie; detaillierte bibliografische Daten sind im Internet über http://dnb.de abrufbar.

© 2017 Heinz Ludwig Wüst

Illustration: Heinz Ludwig Wüst (HLW)

Herstellung und Verlag: BoD – Books on Demand, Norderstedt

ISBN: 978-3-7431-9321-5

Vorwort

Nach dem erfolgreichen ersten Buch „…ach du liewes Lewe", das ich 2015 veröffentlicht habe, sind weiterhin so viele Gedichte und Geschichten entstanden, dass nun mein zweites Buch „…glaabscht dann des?" fertig gestellt werden konnte.

Es kommen immer wieder Fragen auf mich zu, wo ich denn die vielen Einfälle und Ideen hernehme. Die Antwort ist ganz einfach: die „fliegen" mir, wenn ich mich umschaue und meine Umwelt betrachte, einfach zu. Dann gibt es noch viele andere Mitmenschen, wie zum Beispiel Fritz aus der Herzsportgruppe, der auf mich zukommt und sagt: „Heinz, ich hab do mol was g´heert, wie zum Beischbiel die hoch Scheidungsrate verringert werre könnt." Die Lösung hat dann das Gedicht „Partnerleasing" ergeben.

Desweiteren ist auch die Tageszeitung „DIE RHEINPFALZ" nicht ganz unschuldig daran, die mir immer wieder Anregungen für einen Reim oder auch Ungereimtheiten bringt.

Natürlich greife ich auch auf alte Erinnerungen zurück, die es Wert sind, der Nachwelt hinterlassen zu werden.

Immer wieder erhalte ich bei Lesungen die Resonanz meines Publikums: „Ach, des hänn mir frieher ach so gemacht" oder „Sowas is mir ach schun mol bassiert..."

Da viele Touristen als Andenken auch dieses Buch erwerben, habe ich im Anhang einige pfälzische Ausdrücke ins Schriftdeutsche übersetzt. Sollte dennoch etwas Unklarheit über die eine oder andere pfälzische Ausdrucksweise aufkommen, gibt es viele nette Pfälzer, die sicher gerne zur Klärung beitragen.

Nun wünsche ich meinen geschätzten Lesern viel Vergnügen und Entspannung.

Gleisweiler, 2017

„...glaabscht dann des ?"

„glaawe" unn es Froochezeiche,
ich glaab, die sinn ä Paar.
Wisse unn glaawe sinn net´s gleiche,
des is so – unn des war.
Glaabscht du, was in dem Buch drin steht,
was enner g´schriwwe hot?
Glaab, dass die Welt sich weiter dreht,
glaab an de liewe Gott!

Mensche wie du unn ich – unn annere
Verwandte, Bekannte un U`bekannte

Juchendfaulheit

Ich schbielt´ als in de vierte Klass`,
anstatt zu lerne, uff de Gass,
unn net so, wie es sich geheert,
zu üwe , was die Schul` gelehrt.
Unn bin, des is net iwwertriwwe,
trotzdem net hocke als gebliwwe.

Doch manches, was de Lehrer g´saat,
hab` ich im Geischt heit noch parat.
Vergesse doch so mancherlei,
des fallt mer jetzert widder ei´.

Heit denk` ich als beim Grenzverkehr,
viel Auslandswörter fehlen mer,
die ich als Lausbu net gelernt,
weil mir d i e Schbrooch so weit entfernt.

Die Juuchendfaulheit, die is schlecht,
wann se sich dann im Alter rächt.

Englisch, nix wie Englisch

Als Knirps, do wollt´ ich Englisch lerne,
des fand ich wunnerbar.
Mei Patetante wohnte jo
ach in Amerika.
In Süd Dakota – wääß ich noch,
wu die Indianer sinn,
do hab ich Päckelscher gekriegt
mit schääne Sache drin.

Inzwische is die Zeit verschdriche,
Englisch hab ich gelernt.
Mit der Schbrooch klappt Verständischung
mit Leit, wu weit entfernt.
Kumm ich heit in die Stadt enei,
um ebbes ei´zukaafe,
do brauchscht du fascht ä Wörterbuch,
sunscht duscht du dich verlaafe.
Die englisch Fremdschbrooch – wu d´ hieguckscht:
Im Laade fer Klamotte,
du findscht kaum noch ä deitsches Wort,
g`heert des dann net verbotte?
Gar manches T-Shirt vun ´re Fraa
ziern englische Buchschdaawe.

Bei Kinnerklääder findscht´s ach schun,
nä – des is kaum zu glaawe.

Wär´s dann net besser fer des Kind,
statt d´ Schbrooch aus weiter Ferne,
zu allererscht – wie domols mir –
die Mudderschbrooch zu lerne?

Kaffeeklatsch

Drei Männer sitzen im Cafe´,
de änd genießt ä Tass voll Tee,
de annre trinkt Cappuccino,
de dritte schluckt sein Kakao.

Mer wääß, dass die dort öfter sin,
denn die gehn immer gern dort hin,
verzehlen sich in aller Ruh`,
ja, die g´hern äfach dodezu.

Wie friedlich uff dem Erdeball,
wär´s sicher manchmol iwwerall,
deten sich d´ Mensche alle Daache,
wie die drei, sich gut vertraache.

Ich mach b´schdimmt dodemit kän Quatsch,
mit so me Männer-Kaffeeklatsch.

Alteise

Du g´herscht jo noch net zum Alteise,
weil du jetzt Rentner bischt!
Mer schmeißt net alles, wann´s noch gut,
so äfach uff de Mischt!

Ach kä Banan, wu bissl braun
unn dennoch ganz gut schmeckt,
blooß weil se gar nimmi ganz gääl
unn klää bissl befleckt!

Du bischt b´schdimmt noch fer vieles gut,
loss dir net alles biete!
Wie wär´s mit „Repratur-Opa",
odder mit Enkelhüte?

Such´dir doch grad´ was Schäänes aus,
was mer so mache kann!
Des gilt fer alle Rentnersleit,
 egal ob Fraa odder Mann!

Schuldebuckl

In de Zeidung war zu lese,
er wär än guuder Mensch gewese,
än liewer Mensch, wer ihn gekennt,
hätt sicherlich nie iwwern g´schännt.
Hätt nie gemacht ganz dumme Bosse,
sich nix zuschulde kumme losse.
Den Name hab ich doch gekennt,
den mer in dere A´zeich nennt.
Ä A´zeich war´s mit schwarzem Rand
in der des grad Erwähnte stand.

Seit viele Johr, ich will net lieche,
hätt` ich vun dem Mensch Geld zu krieche.
Hot net gezahlt, so wie es Sitte;
ich hab mich ach net mit ihm g`schdritte.
Jetzt isch´s verjährt, was soll ich flenne:
er hot doch nix mitnemme känne!

...war das so im Mittelalter?

Borjemääschders Los

En Borjemääschder hot´s b´schdimmt schwer,
´s bringt manch´ Problemche mit sich her.
Außerdem quälen ihn ach Sache,
um alle Leit es recht zu mache.
Dass des net klappt, des is gewiss,
weil´s immer schun so war unn is.

Do gibt´s zum Beischbiel „Hosseschisser"
unn „Immerallesbesserwisser",
bei denne es dehääm kaum klappt,
´s werd nur im Newwl rumgedappt.
Desweitere die Intrigante,
die u´belehrbar Rasselbande.
Uff die Leit könnt mer b´schdimmt mitnichte
ach im Gemäänerat verzichte.
Doch gottlob, mer heert´s immer wieder,
´s gibt g´scheite, weise Ratsmitglieder.
Die hänn, do kann mer b´schdimmt net klaache,
viel gute Vorschlääch beizutraache.

Wann´s ach den Borjemääschder quäält,
d i e Leit, die sin vum Volk gewählt.

Doch des, was ich zuvor beschriwwe,
is b´schdimmt ä bissl iwwertriwwe.

Es Ehreamt is manchmol gut,
dass mer ach Spass dra hawwe dut.
Doch sollt´ mer solche Leit ach lowe,
net erscht wann se im Himmel drowe.
Zu Lebzeit g´heeren die geehrt,
des wär ihr vielie Ärwet wert,
die manchmol im Geheime blieht
unn die en annre gar net sieht.

Die Reime, die sin dofor gut,
dass mer´s ach net vergesse tut!

Diese Reime stehen nicht nur für einen Bürgermeister. Als Obermeister habe ich ähnliches erlebt und mancher Vorsitzender eines Vereins, der mit Herzblut sein Ehrenamt ausübt, ist sicher damit auch schon konfrontiert worden.

Wann de Wilhelm Busch en Pälzer gewesst wär, hätt des Gedicht:

Es ist halt schön

Es ist halt schön,
wenn wir die Freunde kommen sehn.
Schön ist es ferner, wenn sie bleiben
und sich mit uns die Zeit vertreiben.
Doch wenn sie schließlich wieder gehn,
ist´s auch recht schön.

sich vielleicht so a´gheert:

Es is halt schää

Es is schää, ihr liewe Leit,
dass ihr ä bissl kumme seid.
Schää isch´s, wann ihr noch bissl bleiwen
unn eich mit uns die Zeit vertreiwen.
Sinn mir, wann ihr geht, dann allää,
isch´s ach recht schää.

Leider

Drei Männer gehn mit mir ins Bett,
du ich mich owens leche.
Dann lichen mir zu fünft do drin –
 mei Fraa hot nix degeche!
De Ehrhardt´s Heinz, de Wilhelm Busch
unn ach de Eugen Roth,
hän uff de Biecherablaach Platz,
doch leider sin se doot!

Beriehmt

„Mensch Babbe, du wärscht noch beriehmt,
glaab mir´s, was gilt die Wett?"

„Ach Bu, des bin ich doch schun lang,
blooß d´ Leit wissen´s noch net!"

Ru(h)m

Als Lausbu, ich du mich net erre,
träämt´ ich defu, beriehmt zu werre.
Wie Freddy Quinn mit Seemannslieder,
unn de Heinz Erhard als mol wieder,
wie Wilhelm Busch unn Eugen Roth,
odder sogar de Loriot.

Ich seh` mich dort uff enre Bühne
unn deet en Haufe Geld verdiene.
Im Kino unn als Fernsehschtar,
als Karrikaturischt sogar.
Doch wie es Lewe alsmol schbielt,
mer schießt net hie, wuhie mer zielt.

Anstatt an Ruhm mich zu ergötze,
du ich mich in en Sessel setze
unn frää mich ausgeruht sogar
uff Rum im Schaumkuss – uhne h.

Verdauscht

Gelade zur Geburtsdaachsfeier,
war – unn weil die doch ziemlich deier –
vum Geburtsdaachskind gebete,
dass mer die Kuche backe täte.
Unn eweso, zum gute Schluss,
vielleicht en klääner Obulus.

Weil furchtbar viele Gäscht gelade,
Verwandte, Freunde unn ach Pate,
sinn dodebei – des glaabt mer numme,
en Haufe Kuche zamme kumme.

In emme große Raum alsdann,
kam des Gebäck uff ämol an.
Unn wurd´, ´s war so uff dere Welt,
mit annre Kuche zammeg`schdellt.

Die änd´ Sort´ Kuche war schää sahnich,
die anner Sort´, die war veganisch.
Als die Geburtsdaachsfeier startet,
war´n beide Sorte u´erwartet,

vun denne Gäscht verschnawweliert,
des hot zum Missverständnis g´fiehrt.

Am nächschde Daach, des saach ich offe,
sin die Veganer ei´getroffe,
die uff ihr´n Kuche so versesse,
den daachs zuvor die annre gesse.
Die hän sich furchtbar uffgebauscht,
weil mer den Kuche hot verdauscht.

Des hot denne de Daach versaut
– ihr´n Kuche awwer war verdaut!

Schunn?

D´ Oma

Du sagscht, du detscht schun 70 sei?
So alt siehscht du net aus.
Unn du hättscht ach vier Enkelscher,
ich glaab` mich zwickt ä Laus.

Du hoscht kaum Falte im Gesicht
unn wunnerschäne Hoor,
unn dei Figierle – ä Gedicht –
nä, – is des werklich wohr?

Mei Oma hot än Knote g´hatt,
im Hoor, wie des so war.
En schwarzer Kittelschorz anstatt
ä schää Koschtiemche a´.

Du sagscht, du detscht schun 70 sei
unn du g´herscht zu de Alte?
Mei liewi Mad, do hoscht du dich
doch werklich prima g´halte.

De Opa

Du määnscht, du wärscht en alter Mann,
mit deine 80 Johr?
En Mensch, der nimmi alles kann,
do dra is b´schdimmt was wohr!

Dich zwickt´s mol vorne unn mol hinne,
sunscht geht dir´s awwer gut.
Unn selbscht de Dokter kann nix finne,
wu g´fährlich werre dut!

Du schdehscht noch stramm in deiner Hos´
unn buckelscht net dohie,
duscht esse als wie frieher noch
unn bischt fideel wie nie!

Du guckscht als mol noch schääne Mäd
unn bildschter dann noch ei:
„Ach Herrgott, was wär des ä Frääd,
det ich noch jünger sei`."

Du detscht dich uff em Kopp gern kämme,
jedoch du findschst kaum Hoor.
Desweeche brauchscht dich net zu schämme
mit deine 80 Johr.

De Pedder Fritz

Mei Fraa, die hot en Unkel,
- nä, nä, - des is kän Witz -
der wohnt im nächschde Derfl,
des is de Pedder Fritz!

Manchmol, ja do besuche mer´n,
zu Fuß odder mi´m Rad,
unn immer widder hot er
ä Gschicht fer uns parat.

Mir gehn dann in de Gaade,
der is glei newer´m Haus.
Er zeicht, was er geplanzt hot
unn rickt als ebbes raus.

Er holt dann´s Daschemesser
vum Hosesack heraus,
schneid´t Peterle unn Schnittlaach ab
unn als en Blumestrauß.

Unn paar Minutte speeter,
geht's widder nei ins Haus.
Er rickt, sitzt mer am alte Disch,
mit Neijichkeite ´raus.

Ach ab unn zu verzehlt er,
der gute Pedder Fritz,
wann er grad enner druf hot,
än schääner alter Witz.

Alsfort

Im Alter is die Libido
als öfters fort – unn selte do!
Reech dich net uff, sei trotzdem froh
unn mach es wie die Libido!

Es wär´ in manchen Bundesländern
wohl sprachlich etwas zu verändern.
Doch wichtig ist, wie man´s auch schreibt,
dass der Sinn erhalten bleibt!

So ä Pech awwer aa!

Die Dante Anna – muss mer wisse,
kam nur, wann se emol hot misse.
Sie wohnt´ im Vorort uns´rer Stadt
unn hot kän Fiehrerschei als g´hat.

Damit se net weit laafe muss,
do fahrt se halt mi´m Omnibus.
Unn gar net weit vun unserm Haus,
do steicht se immer widder aus.
Fer in de Stadt was ei´zukaafe,
dut se des letschde Schdickl laafe.

Wann uff ihrm Häämweech drickt ihr Blooß,
kummt se vorbei in uns´rer Schdrooß,
drickt uff die Klingel an de Deer:
„Ums Hoor ´s gebt fascht ä klää Malör,
es dricken Blooß unn Darm mich so,
ich müsst´ bei eich mol uff de Kloo!"

Hot sie dann ihr Geschäft verricht,
hab ich als mol zeh Penning kricht.
„Die Anna kummt blooß, wann se muss",
des saacht de Babbe dann zum Schluss
zu meiner Mudder hinnenooch.
Des merkt ich mir – ´s is gar kä Frooch!

Wie d´ Dante Anna – Daache schbeeter –
vor uns´rer Deer steht mit Gezeter,
mach ich die Deer uff unn bin froh,
die Dante muss jetzt uff de Kloo!
Vielleicht gibt´s dann, als Ei´trittspreis,
en Zehner fer ä Bällche Eis.

„Schää, Dante, dass du widder do,
du kummscht ach blooß fer uff de Kloo,
wann zu de Bushaltstell` werd g´schlappt!"
– Do war se plötzlich ei´geschnappt! –

Sie kam in Zukunft nimmie her,
unn ach mei Eisgeldkass´ blieb leer!

Sippetreffe

Schää – Dante, dass du kumme bischt
nooch denne viele Johr.
Ich hätt´dich fascht nimmi gekennt
- ja - des is sicher wohr.
„Ach, Bu" hot dann die Dante g´saacht,
„mir ging´s net immer gut,
ich hab´gar viel bisher erlebt,
was an em naache dut.
Doch jetzert, wu ich bei eich bin,
do bin ich ganz gut druff,
mer machen deshalb äfach glei
ä gutes Fläschl uff".

Die Deer geht uff – wer kummt dann do?
Was is des ä Pläsir!
Mei hibsch Kusinsche kummt grad´ rei
unn geht ach glei zu mir.
„Was bischt du attraktiv geworre,
so prima siehscht du aus.
Du schtrahlscht im G´sicht wie´n Honichkuche
unn bringscht en Blumestrauß.
Wääscht noch, wie mir als klää gewest",
– unn des is net geloche –
„hab ich an deine lange Zepp
als ab unn zu gezoche.

Des hoscht du dir net g´falle losse
unn des hot dozu g´fiehrt,
dass du mir weche denne Bosse
grad änni hoscht geschmiert.

Doch heit sin all die Zepp jo ab,
ich deet nimmi dra zieche,
wann du net mei Kusinsche wärscht,
do det ich uff dich flieche".

Nooch ännre gute halwe Stund,
do kummt mein Vetter rei´.
„Na," saach ich, „kumm, du altes Haus,
unn trink ä Gläsl Wei".

So geht es wie im Bienestock,
unn all, die ei´gelade,
die sinn jetzt werklich endlich do,
jetzt braucht mer nimmie warde.

„Liewi Verwandschaft, kummt mol her
unn losst eich ämol dricke,
so jung trifft mer sich doch nimmie
unn macht mer blooß kä Zicke.
Verzehlt ä bissl, fräät eich jetzt
unn dut ach nix vergesse,
sucht jeder sich en schääner Stuhl,
dann kummt ach ball es Esse.

´s schänschte Wort im Wortschatz

Ä liewi Oma uff de Welt
is määner Wert wie ´n Haufe Geld,
die d´ Enkel gern hot unn sogar
gilt des ach fer de Großpapa!

Unn manchmol, des is werklich gut,
wann mer d i e doppelt hawwe dut.
Sinn ach d´ Großeltre in de Fern´,
hot mer sich trotzdem liewend gern.

Doch leider kummt es zu oft vor
ja, des is leider Gottes wohr,
do holt de Herrgott hie unn da
als ens zu seiner Engelschar.

So traurich is des dann gewiss,
wann der Mensch nimmi bei uns is.
Du norre zu deine Lebzeiten
de Enkelscher viel Frääd bereite.

Denn ´s schänschte Wort im Wortschatz is:
Oma unn Opa – ganz gewiss!

Hätt´scht des gedenkt?

´s letscht hab ich beim Schbazieregeh´,
ä ganzi Weil en Mann geseh´,
der is do vor mir hergeloffe –
„Na", denk ich, „is der Kerl besoffe?"

Der murmelt alsfort vor sich hie,
so Zeich – unn des versteht mer nie,
ruft: „ mamm, mamm, mamm, pappalapapp",
„Mensch, halt doch endlich mol die Klapp,"
hab ich gedenkt bei der Geschicht.
Uff ämol macht der ä Gedicht
aus wirre Wörter u´gereimt,
hot der so ebbes z´sammeg´leimt.
Was ruft der dann so laut fer´n Schrott,
wu iwwerhaupt kän Sinn mehr hot?

Ich fass mer´s Herz, frooch uhne Groll,
was des Gejaule dann do soll?
Er saacht ganz höflich: „Wissen Sie,
so was nennt man Stimmtherapie."

Ab unn zu

„Mein liewer Mann, du wiegscht zu viel,
domit macht mer kän Scherz.
Des is net fer de Kreislauf gut
unn daucht ach nix fer´s Herz.
Guck dich doch blooß im Schbichel a´,
du bischt jo kuchelrund,
du brauchscht zum Sitze ball zwää Stühl´,
sowas is net gesund!
Wann ich mit dir spaziere geh,
do muss mer sich grad´ schämme.
Es is jetzt werklich höchschti Zeit,
fer endlich abzunemme!"

„Mei liewie Fraa, du hoscht jo Recht,
du kochscht halt doch so gut.
En jeder Bisse dut em lääd,
den mer net esse dut.
Ich hab die Abnehmkunscht schun oft
uff manchi Art prowiert,

nur is mit dem Jojo-Effekt
des niemols recht bassiert.
Es klappt net so, wie du des mänscht
– kumm, loss mer doch mei Ruh –.
Ich mach es wie de Vadder Mond:
Nemm ab unn widder zu."

Fettabbau?

Do kummt die Frieda mit de Stöck´,
- ruck zuck – schunn is se widder weg!
Nooch 100 Meter, wie ich seh´,
do bleibt se jetzt uff ämol steh´!

Sie sieht die Lisbeth dort im Gaade,
denselwe grad´mol rumzuschbaate.
„Ach Lisbeth, was machscht du fer Sache,
willscht net ämol ä Paisl mache?"
saacht sie unn ach die Lisbeth denkt:
„Gottlob, jetzt werr ich abgelenkt.
Denn, du ich weiterhie´ mich quäle,
kann morsche ich mei Knoche zähle".

Die zwää, die hän dann u´scheniert,
ä ganzi Stunn lang schnawweliert.
Bei dem klää Paisl´ dut vun denne
kä ääni bissl Fett verbrenne.
Dun die sich uff de Wooch dann wieche,
määnt jedie, dass ihr Wooch det lieche.

Urlaubsvorbereitung

Schteht mol de Urlaub vor de Deer,
planscht fer's Geberch odder fer's Meer?
Fahrscht Auto odder mit de Bahn,
willscht liewer Omnibus du fahr'n?
Duscht du ä weites Fernweh krieche
unn muscht dann mit em Fluchzeich flieche?
Egal was d' vorhoscht unn ach wie,
dann legscht än Zettel vor dich hie,
fangscht langsam a mol uffzuschreiwe,
was alles net dehääm derf bleiwe.
Mer wääß jo net, ob's rechne dut,
do wären lange Klääder gut,
kriegscht eventuell ä Bullehitze,
do detscht in sofer Klääder schwitze.
Du holscht die Koffer dann vum Keller,
nemmscht jetzt än dunkler oder'n heller?
Brauchscht doch vielleicht den riesegroße
fer'd lange unn fer'd korze Hose?
Die Mitnemmlischt werd immer länger
unn wann'd net uffbascht, brauchscht 'n Hänger.

Bischt dann im Urlaub, sind die Stresse
vorbei, unn du hoscht was vergesse:
Du wollscht dehäm uff alle Fälle
die Poscht unn d' Zeidung abbeschdelle.

Holdi Weiblichkeit, die Fraa

Die Eva war schuld

In uns´rer Palz isch´s Paradies,
des wissen mir schun lang,
denn do gibt´s, wie ach domols schun,
so manchie, falschie Schlang!

De Münche Paul, der hot´s gewisst,
die Palz war´s Paradies.
Die Äppl schmecken deiflisch gut,
verfiererisch unn sieß!

Die Eva hot ihrn Mann verfiehrt,
unn des war sehr betrüblich.
Mit´m Pälzer Appl isch´s bassiert,
anstatt ´re Quetsch – wie üblich!

Aus diesen drei Einsendungen hat DIE RHEINPFALZ bei der Aktion „Palz goes Paradies" die dritte, die frivolste ausgewählt und veröffentlicht

Aacheblicke

Guckscht ennre Fraa dief in die Aache,
des kann net jedi gut vertraache!

Die änd, die lächelt dir zurick,
ihr Herz kloppt schnell vor lauter Glück .
Was is mit dere Fraa geschehe?
Die will dich bschdimmt ball widder sehe!

Ä anner Weibsbild, so en Graus,
die kratzt dir ´s liebscht die Aache aus!
Die kreischt im Zorn fuchsdeifelswild,
weil sie gehässisch mit dir schillt!

Dann gibt´s noch Fraue – ganz schinannt,
die hänn ä Sackduch in de Hand
unn hänn net´s Herz, dich a´zuschbreche,
doch prinzipiell schbrääch nix degeche!

Drum du mit Vorsicht es genieße,
duschd du emol ä Fraa begrüße,
du wääscht, en Diefblick in die Aache,
dut jedi annerschder vertraache!

Diefblickende Aacheblicke

Mir hänn uns dief in d´ Aache geguckt,
wie war des wunnerschää.
´s war leider blooß ä korzie Zeit,
mir zwää warn ganz allää.
Es Rondewuu kännt öfters sei,
des is jetzt net geprahlt –
unn ´s allerschänschte dobei is,
weil´s Krankekass bezahlt!

Es geht doch nichts über eine hübsche Augenärztin!

Schdringtanga

Mäd´, dir guckt´s Schdrickl hinne raus,
des finn ich ganz famos!
Du saachscht, des wär en Schdringtanga,
du braichscht kä Unnerhoos.

Ich wääß jo, dass du schbare willscht,
drum mach ich gar kän Zoff,
dreh liewer als die Heizung klää,
unn schbar mer net am Stoff!

Männerg´schbrääche

Hot mich mein Vadder a´geloche,
wie ich ihn domols a´geschbroche:
„Is Sex nur fer zum Schmuuse gut"
odder mer noch ´was an´res dut?

Weil Englisch mir ä Fremdschbooch war,
trotz Dante aus Amerika.
Ä Wörterbuch hab ich käns g´habt,
damit´s mit Iwwersetze klappt.

De Babbe war en gscheiter Mann,
der mir des iwwersetze kann,
hab ich gedenkt, ä Herz genumme
bin uff den froochlich Punkt glei kumme.

De Babbe hot drumrum geredd,
weil ich so schwere Frooche hätt.
Ich war dobei bestimmt ganz Ohr,
denooch so schlau als wie zuvor!

Jetzt, wu ich dreifach Vadder bin,
bin ich mer sicher immerhin:
Es ist bestimmt ach net verkehrt,
wann beides äfach zammegheert.

Mer soll´s erwähne noch desweeche,
so was, des sin ach Fraueg´schbrääche!

Glicksmomente

Wann mir kää Biecher gschriwwe hättn,
hätten mir uns nie getroffe,
wärn uns im Lewe sicher net
iwwer de Weech geloffe!

Wann mir kää Biecher gschriwwe hättn,
do deet uns ebbes fehle,
unn weil mer Biecher gschriwwe hänn,
dun mir uns was verzehle!

Es Schicksal hot es so gewollt,
drum hot´s ach lang gedauert.
Doch hot en kääner Glicksmoment
uff uns zwää noch gelauert!

Nur desweeche ?

Ich hab mol in deim Bettche gschloofe,
jedoch du bischt net kumme.
Du hoscht gedenkt: „Der schnarcht so laut",
unn hoscht Reisaus genumme.

Multifunkzional

Beruhischend isch´s fer jedermann,
der stricke unn ach häkle kann.
Mer dut sich dodebei net quäle,
die viele Masche mitzuzähle.
Unn außerdem sinn des kä Bosse,
debei paar Masche falle losse.
Bemerkenswert, des is ach dann,
wann mer dabei verzehle kann.
Doch sowas pännen fascht nur Fraue,
des is ach denne zuzutraue.
Manche, die in ihrm Auto sitze,
dun oft beim Rickwärtsfahre schwitze.
Do hänn die Mannsleit jedenfalls,
beim Fahre halt ihrn Vordääl als.
Doch generell sinn alle Fraue
im Autofahrevorwärtsschaue,
beim Fahre gut unn beim Verzehle,
wu meischtens Männer sich so quäle.
Bei Weibsleit is des ganz normal,
denn die sinn multifunkzional.

„Ä kläänie Sünd" sollte man nach diesem Gedicht lesen S. 109

Herzensa´gelecheheit

Im Kunfermandeunnerricht
hinner de klääne Kersch,
war domols ich, wann ich dich g´sehe,
ganz furchtbar uff dich närrsch.
Wie war mir do so warm ums Herz,
des saach ich dir ganz offe,
wann ich zum Kathechismuslerne,
dich wöchentlich getroffe.

Hubschrauwer waren in meim Bauch,
du hoscht des net so g´sehe,
du hoscht dir nix aus mir gemacht,
des konnt´ ich net verstehe.

Jetzt sinn schun 50 Johr vorbei,
die Zeit is schnell verrennt.
Es hänn sich unser Weeche ach
uff ämol dann getrennt.
Jetzt hab ich dich, wie war des schää,
widder ämol getroffe,
bin, weil ich dich net gleich gekennt,
an dir vorbei geloffe.
Doch schbeeter, vor de Retscherkerch,
do is es doch bassiert,

Hänn gleich uns dann ach newernanner
mol identifiziert.

Was hänn mir uns denooch verzehlt,
wie´s war unn wie´s uns geht,
wie´s mit uns bisher is ergange
unn uns´rer G´sundheit steht.

Eichentlich geht´s uns doch noch gut,
domit macht mer kän Scherz:
mir gehen in d´ Koronarsportgrupp,
denn jeder hot´s am Herz!

Erinnerung an die Goldene Konfirmation

Verliebte Aacheblicke

Ich hab mich in doi Aache verliebt,
war glücklich unn war froh.
Du bischt uff ämol hämwärts gange,
blooß ich, ich war noch doo!

Koschtbarkeite

De Urmensch liebt´zu seine Zeite
genau wie mir heit Koschtbarkeite,
wie Silwer, Gold un Edelschdää,
die sinn viel wert unn meischdens schää!

Blooß d´Eva hot so was net katt,
drum nahm se halt ä Feicheblatt.
Mit emme vunn besondrer Größe
bedeckt´sie ihres Leibes Blöse.
Damit, wie mer zu saache pflecht,
ihrn Adam net konstant erreecht!

Die Weise aus em Morscheland,
unn des is allgemein bekannt,
die brachten einscht dem Jesuskind
Gold, Weihrauch, Myrre, ganz geschwind.
So Sache war´n zu denne Zeite
uff alle Fälle Koschtbarkeite.

Ach jedi Fraa, des kann mer saache,
dut gern ihr Koschtbarkeite traache,
denn jeder soll die Zierde seh´,
egal ob Ring odder Kolljee.

Ich hab dehääm, ihr liewe Leit,
ä ganz besunnrie Koschtbarkeit!
Die führt de Haushalt ganz komplett
unn schlooft ach nachts bei mir im Bett!
Wer so ä Koschtbarkeit kann krieche,
des is mit Gold net uffzuwieche!
Mir frään uns, unnernemmen was,
unn hänn im Lewe manchen Schbass.
Sinn dunkle Wolke uffgekumme,
de Wind hot se mit weg genumme.
Es schänschte is, ich du net erre,
mit so em Goldschdick alt zu werre.
So ebbes in so langer Zeit,
des is ä echti Koschtbarkeit.

Weibliches Lächeln

Dein leises Lächeln klingt
wie ein wehmütiger Hilfeschrei

Dein glückliches Lächeln ist wie ein Sonnenstrahl
aus dem dichten Herbstnebel

Dein lächelnder Blick ist
wie die aufgehende Sonne inmitten der Nacht

Beim nächschde Mol…

Um 10 Uhr frieh, vor´m Metzgerlade,
do sieht mer d´ Magreet unn d´ Beate.
Ihr´ Unnerkiefer stehn net still,
weil jedi was verzehle will.
Denn es gibt immer Neijichkeite,
die muss mer meglichscht schnell verbreite.
Wie schnell vergeht dobei die Zeit,
die Turmuhr schlacht schunn elf Uhr heit.
Die Magreet saacht: „Ich hab verschbroche,
meim Mann es Esse frieh zu koche
unn muss defor noch hurtich laafe,
um noch paar Sache ei´zukaafe.
Darum Beate tschüss – adschee,
schää isch´s, wann ich dich widder seh.
Beim nächschde Mol, mei guti Seele,
do muss ich dir mol was verzehle!"

Partnerleasing

En Schulfreund hab ich ´s letscht getroffe,
der lief do rum, wie voll besoffe.
Der hot mer ach de Eidruck g´macht,
er hätt´ net g´schloofe die ganz Nacht.
„Na, saach ich, was is mit dir los?
Du g´herscht ins Bett unn net uf d´Schdrooß".
Do hot er mir was a´vertraut,
unn zwar ganz leise, gar net laut:
„Mit meiner Fraa, mit meiner Alte,
do is es nimmie auszuhalte,
die kommandiert mich rum am Daach
unn schelt mit mir - wann ich dir saach.
Selbscht nachts losst sie mir net mei Ruh,
ich mach als kaum ä Aach noch zu.
Ich glaab, ich du mich vorbereite,
unn loss mich vun dem Drache scheide.
Gibt´s dann nix annres uf der Welt,
wu em so lang als nimmi quält?"
„Doch", saach ich, „ich hab schunn mol g´heert,
des wär ä Iwwerleechung wert:
Es is bestimmt ach net verbote
bei dere hohe Scheidungsquote.
Du kännscht der do en Partner lease,
so fer ä Johr lang ihn genieße.

Unn wann des Johr vorbei dann wär,
dann gibscht dein Partner widder her.
Unn wie beim Auto, kriegscht du schnell,
gleich widder ´s neijeschde Modell.

Ja, dem Syschdem kannscht gut vertraue,
des gilt fer Männer unn fer Fraue.
Treff ich dich widder, des is gut,
dann siehscht gut aus unn ausgeruht.
Du gehscht debei ach gar net baade,
du zahlscht nur noch die Leasingrate".

Bschluss

Vun de Erschde is er gschiede,
die Zwätt hott ihn verlosse,
ä Drittie braucht er ach nimmie,
des hot de Herrgott bschlosse!

D´ Magreet

Ich wääß jo net, wie alt se is,
des is mir ach egal,
sie is am Hinnre bissl dick
unn owwe bissl schmal.

Manchmol, do is se schdruwwelich,
is fleißich unn net faul,
sie hot ä sunniches Gemiet,
wie ´n alter Schockelgaul.

Sie is ä Goldstick uff de Welt,
wann sie als mit em redd.
´s wär schade, wann mer se alsmol
net bissl um sich hätt!

Fünf Kusslscher

Du hoscht mer geschdern fünf Kusslscher gschenkt,
die waren so zuckersüß.
Do dra hab ich ganz lang gedenkt,
´s war fascht wie im Paradies.
Du hoscht mer geschdern fünf Kusslscher gschenkt,
ich war do druff ganz versesse,
unn zwää defuu, hab ich mir gedenkt,
die werren am beschde glei gesse!

Chrischtl vun de Poscht

Bei Rechewetter, Sunneschei,
bei Schnee, bei Eis unn Froscht,
werft se in unsern Kaschde nei,
die Sendunge der Poscht.

Mol sinn es Rechnunge, Reklame,
mol Werbebrief debei,
mol Umschlääch uhne jeden Name,
´s kann ach ä Päckl sei.
Wann mer se sieht, do fräät se sich,
is immer prima druff,
sie bringt die gröschte Päckelcher
de höchschte Berch enuff.

Genau wääß ich ihr´n Name net,
sie kummt ach net vun Loscht,
ich glaab, sie häßt Elisabeth,
die „Chrischtl vun de Poscht".

Pälzer Vagabund

En Vagabund in uns´rer Palz,
der ging ä zeitlang uff die Walz.
In manche Dörfer, mancher Stadt,
hot der ä Liebschaft immer g´hat.

In Ludwigshafe war sei Mäd,
am Hinnre schunn ä bissl brät!
Sein Liebling in „Klää Schifferstadt",
die hot än großer Buse g´hat!
Die Margreet war´s in Lingefeld,
die hot´ vun all am meischte Geld!
In Dahn, die Lina aus ´m Wald,
die war em manchmol bissl kalt!
Die schwarz gelockt, hibsch Fraa aus Lautre,
die dut mit ihm nur bissl plaudre!

Jetzt, wu er nimmi laafe kann,
do is er doch en armer Mann.
Unn sunndachs gibt´s Kaffee unn Kuche,
wann all sei Kinner ihn besuche!

Haushaltsolympiade

U´glaublich, was ä Fraa im Haushalt,
vun frieh am Daach bis owends aushalt!
Sie steht als erschde morchens uff
unn holt denooch die Zeidung ruff.
Sie deckt de Kaffeedisch dann glei
unn schmiert die Pausebrot´ debei.
Weckt dann de Mann un´s Kläägemies´
unn macht noch dess unn ach noch dies.
Sie duht sich flott unn fleißich reeche,
macht neweher ihr Körperpfleeche.
Is die Bagaasch dann aus em Haus,
dann ruht se sich noch lang net aus.
Es sinn die Bette noch zu mache
unn noch so viele annre Sache.
De Wäscheämer g´heert geleert,
weil des Zeich in d´Maschin nei g´heert.
Kaum is die Ärwet grad vollzoche,
do is schunn Zeit zum Essekoche.
Uff ämol klinglt´s an de Deer,
de Briefbot´ bringt ä Päckl her.
Unn korz druff klingelt die Adele,
die hot was Neijes zu verzehle.
Der Lieferant der Tiefkühlkoscht
bringt, was net in de Kühltruh hoscht.

Kaum is es Esse hääß unn gar,
do kummt ach schunn die Kinnerschar.
Sie wollen ach gleich hurtich esse
unn dun ach´s Trinke net vergesse.
De Schorschl, der saacht unnerdesse:
„Ich will heit den Spinat net esse".
Sei Schweschder Marie, nää wie dumm,
die stochert ach im Esse rum.
Bei denne Ferz unn bei dem Treiwe,
is es ä Kunschtschdick, ruhich zu bleiwe.

Kaum ist es G´scherr g´schbielt nooch de Zwölfe:
„Deetscht mer bei Hausuffgaawe helfe?"
Ich will jo net do driwwer stichle:
Es is die Wesch a noch zu bichle.

Am fünfe geht die Hausdeer uff,
de Babbe kummt die Trepp eruff,
zieht a sei wollne Schlabbe,
so is er, unsern Babbe.
„Mein Maache knurrt" saacht er vermesse,
„gibt´s dann net ball ebbes zum Esse?"

De Mamme platz dann ach de Kraache,
unn sie dut zu ihrm Nörgler saache:
"Wann dir´s pressiert, geh awwer schnell
aus meiner Kich in ä Hotel,
määnscht du, ich hätt´ heit nix geschafft,
ich u´bezahldi Arweitskraft?

Ich mach de ganze Daach de Dackel
bis ich am Owend blooß noch wackel,
ich hab´ kän Sunn- unn Feierdaach,
es langt mer ball, wann ich eich saach!"
´s isch Ärwet zwischedurch im Gaade,
bei dere Haushaltsolympjade
im Mehrkampf zwische Daach unn Nacht
vun sechs Uhr frieh bis schbeet nooch acht.
Blooß kriegscht debei – unn des is wohr –
kä Goldmedallje dodevor!

Rum is rum!

Wie schade, ´s is die Zeit jetzt rum,
wu mir uns hänn getroffe.
Ich bin als kilometerweit
zum Rondewu geloffe.
In d´ Aache hänn mir uns geguckt
unn dodebei verzehlt,
es war ä wunnerschääni Zeit
unn mir hot gar nix g´fehlt.

Es hot halt alles doch sei Zeit,
mer bleibt net ewich jung,
ach wammer schbeeter älter werd,
´s bleibt die Erinnerung.

D´ Schwischermudder

Als Gott die Schwischermudder schuf,
hatt´ sie zuerscht än schlechter Ruf.
Man nannt´ sie „Beißzang´" unn ach „Drache"
unn noch viel annre schlimme Sache.

Inzwische, nooch viel hunnert Johr,
kummen Verännerunge vor.
Do hot sich pletzlich rausgestellt,
´s is annerscht worre uff de Welt.

Ä Schwischermudder is ä Fraa,
die Angscht hot um ihr Dochter – ja –!
Genauso wie ihrn liewer Bu,
des losst ihr meischtens gar kä Ruh!

Kriegt ach ihr Bu ä guti Fraa,
die ihm des gibt, wie d´ Mudder a?
Sinn die verheirat, was is dann?
Kriegt ´s Mädl mol än gute Mann?

Es is es Bescht, mer halt sich gut,
damit seim Kind nix fehle dut,
mit seine Schwicherkinner tächlich,
dann is ach alles gut verträchlich!

´s is bei de Schwichermudder dann,
dass mer se arich gut leide kann.
Wenn mer kä beeses Wort verliert,
werd a kän Streitfall a´rangschiert.

Liebscht d´ Schwichermudder uff de Welt,
hot sich inzwische rausgestellt,
kummscht mit der Fraa am beschde aus.
Die reißt ä Bää sich fer dich aus.

Wie lang eichentlich?

Jeden Owend denk ich an sie,
wann ich ä Stück vun dere süße
Schoklad ess, wu se mer gschenkt hot!

Jeden Owend denk ich an sie!

Wie lang eichentlich noch?

Bis die Schoklad all is!

Der perfekte Mann

Gibt es dann den perfekte Mann,
der alles macht unn alles kann,
der wu beschdimmt kän Frauehasser,
so en perfekter Tausendsasser,
der de Fraa de Haushalt führt,
der niemols die Geduld verliert,
der, wu ach immer ruhich Blut,
der schää sich unnerhalte dut,
der ganz lieb zu seinre Fraa
unn zu seine Kinner a,
dem im Lewe es gelingt
noch neweher viel Geld hääm bringt,
der wu uff ganz besunnri Weise
dut mit ihr die ganz Welt bereise,
der net macht ganz dumme Bosse?
Ich glaab, den muscht dir backe losse!

Romanzekiller

De Babbe hot domols de Mamme
die Briefmarkesammlung gezeicht.
Die zwää saßen verknallt dann beisamme,
vum Bussle ach net abgeneicht.
Doch heit is sowas nimmi Mode,
heit macht mer des ach nimmi so!
Heit spielt mer, des is net verbote,
mit´m Smartphon unn määnt, mer is froh.
Sitzt newer dir ä hibsches Mädl
unn du schdarrscht blooß uff des Tablett.
Du tippscht unn du drehscht fascht am Rädl,
siehscht ihr hibsche Aach dann net.
Wu is dann die Zeit hie verfloche?
Sie rennt defu schnell unn ganz wild!
Es werd so, ´s is bschdimmt get geloche,
die kläänschte Romanze gekillt.

Ä bissl Technik – ä bissl gschäftlich

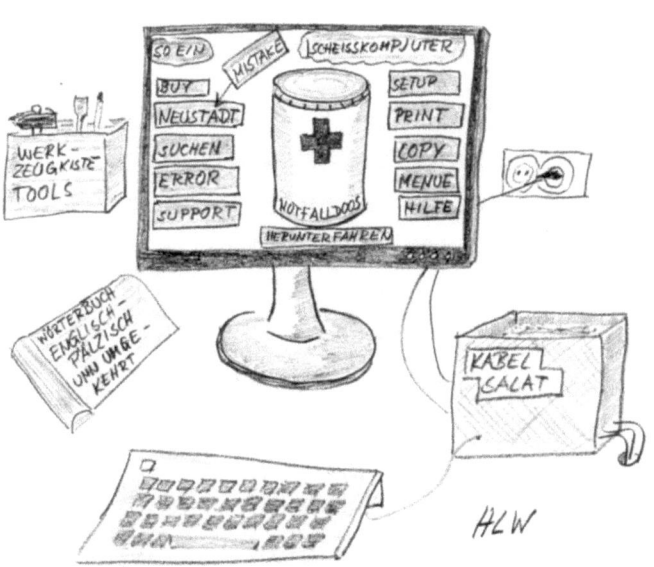

Fer umme ?

Bischt nei du uff die Welt mol kumme,
määnscht glei, du kriegscht ebbes fer umme.
Ä Pröbl Babymilch, wu g´sund,
hot ach beschdimmt en Hinnergrund
– dass mer, unn des wär net verkehrt,
des Kind domit noch lang ernährt –.
Unn so kriecht mancher klääne Knilch
die Babykoscht – statt Muttermilch.

Fer´s Klääkind gibt´s vun mancher Bank,
ä Sparbuchguthabe unn als als Dank
soll mer des Kläägeld dann vermehre
unn ´s Spaare lerne ganz in Ehre.
Brauchscht du, wann´s Sparbuch all is, Geld,
zahlscht viel mehr Zinse uff de Welt.
Die Bank duut sich dobei was grinse,
d i e macht ihr Großgeld mit – trotz Zinse.

En Gutschei gibt´s vum Kaufhaus als
fer paar Prozent – unn jedenfalls
soll mer in dem Fall in seim Lewe
den Kaufhausumsatz kräftich hewe.
Im Geldbeitl werd´s dobei öd –
obwohl mer domit spare det.

Dobei beschdeht ach der Verdacht:
Du kriegscht nur ebbes vorgemacht!

Manch Sonderpreis in em Prospekt,
den mer uff A´hieb glei entdeckt,
der lockt die Menschheit sondersgleiche,
den Preis kännscht nirchends wu vergleiche.
Setzscht dich ins Auto, dass d´gleich dort,
wann d´ hi´kummscht, is schunn alles fort.
So werrn die Junge unn die Alte
fer dumm unn blöd alsmol gehalte.

Ä schääni Rääs werd a´gepriese,
´s koscht nix, du sollscht se blooß geniese.
Doch irchendwann werd dir ach klar,
dass des nur en Verkaafstrick war.
So werscht verarscht – des glaab mer numme –,
am End bischt selwer doch de Dumme.

Bischt endlich uff den Dreh dann kumme:
Uff unsrer Welt gibt´s nix fer umme!

Guder Compjuder

Mein guter Compjuder,
mol streikt er, mol dut er,
mol halt er sei Klapp,
mol stertzt er mir ab.

Doch schreib ich als Pälzisch,
was is des fer´n Graus,
dann drick ich die Taschde
„Rechtschreibprüfung" aus.

Defragmentiert

En PC, so´n Deiwelskaschde,
werd ab unn zu defragmentiert.
Des hääßt, die Date uff de Feschtplatt,
die wer´n ä bissl z´sammeg´führt.
Die Prozedur is dofor gut,
dass mer se besser finne dut.

Die Feschtplatt, die vergleicht mer gern,
mit emme g´scheite Menschehern.
Do g´hert ach manchmol rumgekramt,
unn wie ä Feschplatt uffgeramt.

Des Zeich im Kopp, des wu nix daucht,
unn des, wu mer ach nimmi braucht,
des g´hert, des wär es allerbescht,
in de Papierkorb oft gelöscht.
Unn´s schänschde wär, mer hätt´debei,
denooch de Kopp als widder frei.

Werscht du mol alt und kriegscht die Falte,
isch´s besser mit dir auszuhalte.

Äppes

Bischt du net i n , odder än Depp,
so uhne Händy, uhne Äpp?
So uhne Eiphon, uhne alles,
des wu du hoscht im Fall des Falles.
Brauchscht des, wann du im Urlaub bischt,
dass mer dich iwwerall erwischt?
Des Zeich, des schtört dich eweso,
im Diefschloof odder uff em Klo!
Du bischt erreichbar minuziös,
unn manchmol macht's dich ganz nervös.
Es hebt dein Blutdruck, stresst dei Nerve,
wann d´ känn Empfang hoscht grad´ beim Serve.
Mer schreibt sich kaum was uff´s Papier,
wie in em Liewesbrief vun frieher.

Doch es is ebbes, wu was daucht,
wann mer ämol de Notruf braucht.

Notfalldoos

Im Kicheschrank – net riesegroß –,
do steht ä weißi Notfalldoos
mit emme rot gemalte Kreiz,
doch´s Innelewe hot sein Reiz.
Was so ä Doos dort hawwe muss,
sinn Waffle-Schoko-Hasselnuss,
Gummibärle, sieße Sache,
die em es Lewe leichter mache,
die mer freilich dann ach nascht,
wann em de Notfall iwwerrascht.

´s war neilich, gleich im neie Johr,
was ich verzehl, is werklich wohr.
Do hab ich owens, korz vor acht,
ä klääni Schbritztour noch gemacht.
Mit´m Auto in die Stadt enei,
war unnerwegs so Stunne drei.
Hab´ ach, dass´s Ärschl net so kalt,
des Sitzheizkisse ei´geschalt
unn hab vergesse dann beim Halte,
die Stromzufuhr glei abzuschalte.
Unn wie ich zu dem Auto kumm,
war die Battrie ganz leer unn stumm.
Ich ruf dehäm denooch gleich a
unn´s war sofort mei Dochter dra.

Hab se gebete, ganz verstohle,
mich jetzt so schbeet noch abzuhole.
Nooch enre vertel Stunn, glaabt´s numme,
is sie mich abzuhole kumme.
„Mensch, Babbe, was is mit dir los,
guck mol, do is die Notfalldoos.
Hol dir gleich raus en sießer Biss,
weil des jetzt grad en Notfall is!"

Is irchendwann de Deiwl los,
dann braucht mer so ä Notfalldoos!

Ausblicke

Es steht ein Mensch auf dem Gerüst,
weil er gar nicht schwindlig ist.
Mit dem Pinsel in der Hand,
Streicht er Fachwerkholz und Wand.
Außerdem ist ihm auch eigen,
sich selber mal auf´s Dach zu steigen.
Wer oben steht, der kriegt es raus,
die Welt sieht dort ganz anders aus.

Süß – süßer – am süßesten

Ich räume meinen Schrank jetzt auf,
denn heut´geht's zum Fabrikverkauf,
dabei gibt´s Platz für Süßigkeiten,
die oft mir Freude dann bereiten.
Nach meinem Einkauf ebendann,
man ganz viel wieder stapeln kann.
Dort ist´s fast wie im Paradies,
so viel Gebäck teils herb, teils süß,
das hier in Mengen steht bereit,
nein – das ist keine Kleinigkeit.
Es werden dort, es kost´ kein Geld,
Versuchsportionen hingestellt.
Zu den Backwaren, diesen süßen,
darf man Kaffee auch noch genießen.
Und Kunden kann man dort betrachten,
die Süßigkeiten nicht verachten,
genüsslich das Gebäck verzehren,
nicht gegen Kalorien wehren.
Der netten Dame an der Kasse,
zahlt man dann seine Einkaufsmasse.
Ganz glücklich wird man weiterziehn,
mit einem Korb voll Kalorien!

Viechereien

Fer d´Katz?

Uff de Bank vum Kachelofe,
dut unser liewes Kätzl schloofe,
wann´s zur kalte Winterszeit,
drauße g´frohre hot unn g´schneit.

Vor Johre hän mir uns entschlosse,
en Ofe ei´zubaue losse.
Der Ofesetzer, wie mehr ahnt,
hot ach den Ofe schää geplant.
Mit Ofekachle unn Schamott,
den Ofe er dann uffg´setzt hot.
Anschließend hot er mit Bedacht,
es erschde Feier drin gemacht.
Hot die Bedienung uns erklärt,
ich saach´s eich, des war Goldes wert.
Seit viele Johr, seit mir´s gedenkt,
hot der Behaglichkeit uns g´schenkt.

Schnurrt ach die Katz druff unn miaut,
der is net fer die Katz gebaut.

Gockeleie

Manchmol ess´ mer Hähnchebäänche
mit Grumbeerbrei dezu
Gäälerriewe, griene Erbse,
schää – in aller Ruh´.

Annermol gibt´s Gocklbruscht
odder ach Frikassee
in em Paschtetche a´gericht´,
weil ich uff sowas steh´.

Mer sieht, es is des Feddervieh
beschtimmt fer vieles gut,
net nur dass er sei Hinkelscher
im Stall begatte dut!

Mein Goldfisch

Ich hab en Goldfisch in em Glas,
den kann ich arich gut leide,
der schwimmt ganz leise hie unn her,
dut ach net mit mir streite.
So ´n Goldfisch is ä liewes Dier
unn is ach net so deier,
der koscht, wann mer´s so recht betracht,
net mol ä Goldfisch-Schdeier!

Koppwackeldackel unn d´ Papierklooroll

Hinne uff de Autoablach
– frieher stand – unn des war toll,
so än Koppwackeldackel druff
unn ä Papierklooroll.

So än Koppwackeldackelhund,
der hot im Auto nie gebellt,
unn bischt du ach mol falsch gefahre,
do hot er net mol mit dir g´schellt.
Du hoscht mit ihm verzehle könne,
was im Lewe dich bedrickt.
Des Dier koscht´t net mol Hundeschdeier,
es hot halt äfach nur genickt.

Newe dra´, schää ei´gehekelt,
bunt, wie än Zylinderhut,
war die Papierklooroll g´stanne,
die mer als dringend brauche dut.
Drickte es dich im Gedärme ,
bischt gfahre durch än Wald,
holscht se dabber vun de Ablaach,
abgewickelt – ziemlich bald.
Ja, so war´s halt domols ewe,
unn beide hatten ach ihr´n Zweck.
Wu sin heit die Koppwackeldackel?
Ach die Papierklooroll is weg.

Den Koppwackeldackel find´t mer,
ja, des glaabt mer werklich kaum,
meischdens bei de Sperrmüllabfuhr,
die Klooroll als im Kofferraum.

Scheiß Micke

Was macht ihr uff mei´m Dellerrand,
ihr dumme, bleede Micke?
Zieht dabber Leine, haut glei ab,
unn dun eich schnell verdricke !
Wer vorher uff de Mischtkaut war
– do hab ich nix degesche –,
der hot an mei´m Disch jedenfalls,
die Händ´ zuerscht zu wäsche!

Schnookechores

De Summer, der geht ball zu End´,
die Bääm wern langsam bunt.
Die Vöchl sammlen sich – mer sieht´s –,
jetzt geht es langsam rund.
En Koffer brauchen die jo net,
uff ihrer lange Rääs.
Die brauchen net mol Handgepäck,
des wu jo jeder wääß.

In dunkler Nacht im Schloofgemaach,
do hör´ich ebbes brumme.
Des is ä Schnook – ich kenn´ den Ton –,
die dut ihr Kampflied summe.

„Was hoscht du vor, du aldi Schnook?
Du kummscht mer u´geleche!"

„Ich det dich gern, zum letschde Mol,
vor´m Herbscht noch ämol schdeche!"

„Hau ab, verziech dich unn zieh Leine,
ich kann des net vertraache!"

„Ich hätt", sacht sie, „im Lewensherbscht,
wie du noch schääne Daache".

Dann hab ich se halt lewe losse,
unn sie hot, u´geloche,
in dere Nacht, des war gemein,
ach glei noch zwää mol g´schdoche.

Am nächschde Owend seh ich se
beim helle Lampelicht.
Ich hol die Plätsch und klopp mol druff,
hab se ach glei erwischt.

Es kummt die Nacht, was hör´ ich do?
Ä wohlvertrautes Brumme.
Do wollt ihr ganzi Sippschaft schnell ,
uff die Beerdischung kumme.

´s is wie zum Jungehundekrieche,
ich halt´s net länger aus.
Bin ich dann denne Stecherflieche,
jetzt gar ihrn Leicheschmaus ?

Maus im Haus

Was suchscht dann du in unserm Haus,
du klääni, sießi, graui Maus?
Ich wääß, do hinn is es gemietlich,
mer lebt bei mir so brav unn friedlich.

Ich lieb jo B´such, vun frieh bis schbeet,
unn frää mich, wann er widder geht.
Geh doch do naus ins Gaadehaisl,
du kläänes, neigieriges Maisl.

Do kannscht dich ganz entspannt vermehre
unn duscht im Haus ach kääner schdeere.
Ich du dohinn uff all Fälle,
vorsorchlich ä paar Falle stelle.

Du mir en G´falle, klääni Maus,
 schlupp do, wu d´ rei´ bischt, widder naus!

Deshalb!

In einem See, nah bei Malente,
da schwamm einst eine Quietscheente.
Da kam ein stolzer Schwan daher
und fragt: „Was quietschst du denn so sehr?"
Darauf gab dann das Entlein an:
„Ich quietsch, weil ich nicht bellen kann!"

Ein weißer Schwan mit schwarzen Federn,
schwamm in dem See, ganz nah bei Gedern!
Am Ufer piepst 'ne kleine Maus:
„Du siehst ja wie ein Zebra aus!"
Wenn es auch schwerlich zu begreifen:
im Wasser gibt's auch Zebrastreifen!

Dieses Gedicht ist Sara gewidmet, dem ersten weiblichen hübschen Wesen, das diese Zeilen auswendig gelernt hat.

Zum Einzug

Fühl´dich wohl im neuen Haus,
wie im Mauseloch die Maus,
wie die Schnecke im Gehäuse
und geh´ manchmal auf die Reise!

Leo

Leo, de Määschder Adebar,
der war noch nie in Afrika,
der is ach nie, 's is net geloche,
mit annre Schdersch nooch Süde gfloche.
Sein kranker Flichel, ja, der is,
fer ihn ä großes Hinnernis.
Hot ach kä schääne Urlaubsträäm,
er bleibt halt jedes Johr dehääm.
Er klappert vor sich hie – ihm gfallts,
ach do in unsrer schääne Palz.
Loss ich als mol die Flichel hänge,
do muss ich an de Leo denke.
Geht's net, wie d´ willscht, dann werd dir klar:
Bleibscht halt dehääm vun Afrika!

Zum Fresse gern

Die Fraa vum Fröschl uff de Wiss,
die hot de Schdorsch getroffe.
Der is ´re grad ganz u´verhofft
iwwer de Weech geloffe.

„Ach, liewer Schdorsch", fleht sie ihn aa,
„loss mich noch bissl lewe,
fress do zur Abwechslung heit ämol
die Blindschleich jetzt do neewe.

Ich hupps jetzt dabber zu meim Mann,
denn der is grad net fern;
ich wääß, dass der mich liewe duut,
hot mich zum Fresse gern."

Blitzschnell schnappt er mim Schnawwl zu,
de Määschder Adebar:
„Dein Mann hot dich zum Fresse gern,
doch ich dich leider aa!"

Reschewormbluus

Es schwimmt en Rescheworm
in unserm Wasserturm.
Unn bei dem Badespass,
wer´n gar kä Hoor ihm nass.
Ja, des is sicher wohr,
denn der hot gar kä Hoor!
Die rote Badehos´,
die is ihm viel zu groß!

Es braucht ä Klapperschlang
bestimmt kä Kawlzang
unn ach ken Schrauwezieher
unn ach kä Flaschebier.
Sie braucht kä Fläschl Gas
unn ach kä Metermaß.
Die braucht net mol en Hut,
wann die mol klappre dut!

Was dut en Nasebär
mit emme Schießgewehr?
Weil er, unn des is gut,
domit net schieße dut!
Der braucht ach kä Pischtol
unn fiehlt sich trotzdem wohl
Braucht ach kä blaui Bohn
als Schützemunition.

Dann nochmal die erste „Kata-Strophe"

Reschewormbluus

Heinz Ludwig Wüst

Komponiert und überarbeitet von Heinz Ludwig und Karl-Heinz Wüst

Ä bissl alles durchenanner

Geklärt unn u´geklärt

De Mörder vum Tatort
ging glei nooch de Tat fort,
unn der Komissar,
wääß net, wer es war.

Mer heert´s laufend munkle,
d´ Polizei dappt im Dunkle.
Was mer do so heert,
´s wär noch nix uffgeklärt.

Es hilft der Statistik,
net mol die Ballistik.
Mer is sehr erbööst,
weil der Fall u´gelöst.

Der Mörder, wie dumm,
laaft noch frei erum.
Obwohl mer ihn sucht,
bleibt er uff de Flucht.

Beim Krimi im Fernseh,
den ich meischdens gern seh,
Do isch´s umgekehrt,
´s wärd fascht alles geklärt.

Hammermääßich

Ä jedi Schbaarbix hot en Schlitz
unn ach ä rundes Loch.
Die Münze schmeißt mer in de Schlitz,
ins Loch 's Papiergeld noch.
Unn meischdens unne is ä Deer,
so wie sich des geheert,
do holt mer dann sei G'schbartes raus,
wann mer die Bix entleert.

Ä Schbaarsau hot als blooß en Schlitz,
wu mer sei Geld nei steckt,
brauchscht Geld, schlachscht mit'm Hammer druff,
bis dass die Sau verreckt!

Schämscht dich net?

Alle vier Woche bischt du voll!
Duscht du dich gar net schämme?
Nachts schleichscht du dich am Haus vorbei;
dut mer sich so benemme?

Du gehscht meischt morchens frieh ins Bett,
schdeigscht owens dann erscht uff.
Die Fraa, die sieht dich selte nur,
lebscht du dann ganz im Suff?

Du trinkscht kän Schnaps, kä Bier, kän Wei,
- nä – gar kän Alkohol.
Bischt awwer regelmäßich voll,
unn fühlscht dich trotzdem wohl.

Du hoscht en klääner Mann im Ohr,
des wääß mer uff de Welt.
Blooß die, wu schun mol bei dir war´n,
hän´s noch net feschtgeschdellt.

Doch manches Mol, do sieht mer dich
kä bissl uff de Welt.
Erscht nimmscht du ab, dann widder zu
am große Himmelszelt.

Kuppermünze

Net nur in uns´rer Pälzer Welt,
do hot mer noch es Kuppergeld.
Zumal, der Preis im Warehaus,
sieht meischt ä bissl klääner aus!
Statt achtzeh Euro – so en Bluff,
steht siebzeh-neuneneunzich druff!
So ähnlich geht´s mit uns beim Sprit,
des macht mer an de Tankstell mit!
So werd mer bei uns u´scheniert,
ä bissl in die Irre g´fiehrt.
Beim Rausgeld bringt mer dann beim Kaafe
sein Beitl fascht zum Iwwerlaafe.

An mancher Theke, – net zum Schbass,
steht als ä klääni Schbendekass´.
Die kammer, wann mer will, im Stille,
mit seine Kuppermünze fille.
Des Geld dient dann em gute Zweck,
so bringt mer´s Kläägeld „helfend" weg.

Kreizl unn Kreiz

Drei, vier Woche vor de Wahl,
siehscht Plakate uhne Zahl.
Lauter freindliche Gesichter,
die als in de Rampelichter
stehn, unn lächeln dir jetzt zu
unn drunner liesscht in aller Ruh:
Hoscht du d i e Partei gewählt,
hoscht ach net dei Ziel verfehlt,
dass dir´s künftich frieh bis schbeet,
immer blooß noch besser geht.

So lockt mer dich bei denne Sache,
entschbrechend ´s Kreizl hin zu mache
unn hot debei dich u´gepfleecht,
seit Johre kräftich rei´geleecht.
Wähl´ trotzdem unn denk deinerseits:
Denooch hoscht trotzdem doch dei Kreiz!

Tonsur

Vun vorne sieht mer se jo net,
mer sieht se hinne nur.
Ich will ach net ins Kloschder geh´,
blooß weche der Tonsur.
Im Summer knallt die Sunn als druff,
im Winter krallt de Froscht.
Ich zieh´ dann halt ä Käppl uff,
weil´s Tuppee so viel koscht.

Schäpp

Guck mol, ich glaab des Bild hängt schief,
wie is dann des bassiert?
Links is es hoch, rechts is es dief,
wer hot des Bild beriehrt?
War´s d´Hausfraa, die wu grad´gebutzt,
blooß weil ä Schtaibsche es beschmutzt?
Odder, ich denk´, is es vielleicht,
dass sich die Erdachs hot geneicht?
Is´s doch vielleicht de Klimawandel,
de Holzworm mit ´re schwere Hantel?
Hab´ ich en Schoppe zuviel g´soffe,
odder ä Mick is driwwer g´loffe?

Bevor ich weiter mich jetzt blooch,
do hol ich halt die Wasserwooch.

De Schbreisl

Dief im Daume schdeckt än Schbreisl
unn der bringt mich ganz aus ´m Haisl.
Ich hab net richdich uffgebasst,
wie ich den Holzscheit a´gefasst.
Im Ofe war noch bissl Glut
unn dass der widder wärme dut,
hab ich ihn noch ämol beschickt,
de Schbreisl in mich neigedrickt.
Ich wollt denooch mich sehr bemühe,
mit der Pinzett ihn rauszuziehe.
Dann is des Scheißding - u´geloche –
owwe uff ämol abgebroche.
Jetzt konnt´ ich nimmi dra´gelange
unn bin dann zu meim Dokter gange.
Der gute Mann, der hot, gottlob,
bei seim Werkzeich ä Otoskop
unn domit hot er mit Bedacht
sich erscht emol die Sach´ betracht.
Weil so ebbes zu Schmerze fiehrt,
hot er den Span rausoperiert.
Hot glei die Wund desinfiziert,
damit ach weiter nix bassiert.

Mer sieht, dass uff der bucklich Welt
em selbscht de klänschde Schbreisl quält.

Rache der Waldgeischter

In Owerotterbach, do fiehrt
en Weech hie in de Wald.
Der hot do ä Besonderheit,
die merkt mer ziemlich bald.

Do stehen dann uff änre Seit,
geschnitzt vum Bildhaumeischter,
alle Gebot, wann´d richdich gugscht,
verschied´ne Waldesgeischter.

De äane lacht, de annre heilt,
de dritte, der macht Faxe,
unn all sin se besonders hibsch
aus emme Baam gewachse.

Am schääne Daach laaf ich den Weech,
so zwää dreivertel Stunne,
unn hab mich driwwer luschdich g´macht,
wann ich so ´n Geischt hab g´funne.

Unn korz vor´m Ziel, do fall ich hie,
dann war mir´s furchbar schlecht.
Ich glaab, do hän die Geischt im Wald,
sich firchterlich gerächt.

Gaadeärwet

Wie erholsam is doch Dichte
statt Gaadeärwet zu verrichte,
anstatt in Gemiesebeete
rumzugrawe – rumzujäte,
anstatt Blumedünger sträe
odder ach mol rasemähe,
anstatt gieße, hacke, schwitze
liewer ruhich am Disch zu sitze,
denke, wie die Planze schbrieße,
denn die brauchscht du net zu gieße.
Reime, denke, iwwerleeche,
Rose, die net sinn zu pfleeche,
Gemüsepracht, die gut gedeiht –
Alles in so korzer Zeit.
Weck unn Wei unn Worscht dezu –
Blooß nimmscht du halt net ab defu!

Hexenacht

De April is fascht vorbei,
die Hexenacht kummt korz vorm Mai.
Du alles weg, binn alles a´,
dann kummen ach kä Hexe dra!
Die schluppen iwwerall erum;
wann dir was fehlt, dann gugscht halt dumm!
Du findscht des vielleich gar nimmie,
die schleppen´s fort – mer wääß wuhie!
Es war schun mancher arich verzweifelt
unn hot des Hexevolk verdeifelt,
weil ´s Gaadedeerle korzerhand
weit fort bei emme annre stand!
Mer hot ach g´heert, es wär wu anne
uff emme Dach ä Rindvieh g´stanne!
Des Hexechores dut net gut,
weil´s immer Schlechtichkeite dut!
Drum heer uff mich: Vor alle Dinge
in Sicherheit sollscht alles bringe.
Schließ alles, was nor geht, gut ei
unn loss die Hexe – Hexe sei!

Rodie Brieh

Kä Sa-lat-gurke, kä Tomate
ess ich, die in unserem Gaade
odder drauße uff em Feld
wachsen schää uff unsrer Welt!
Ketschapp unn Tomatesooß
ess ich in klääne Menge blooß,
wann se vermahle unn verdrickt
unn känn Brocke mehr drin stickt!
Als ich ins Krankehaus bin kumme,
weil mir de Blinddarm raus genumme,
stellt mer mir zum Esse hie
am erschde Daach nur Suppebrieh,
vun dere Sort´wu ich gern mag,
middachs am allererschde Daach.
Hab die genosse unn ach gesse,
weil ich uff Suppe ganz versesse.
Ä hibschi Schweschder, die ganz nett,
bringt owens dann uff em Tablett
ä Schissel mit em Deckel druff,
ganz liewevoll ins Zimmer ruff.
„Es dut mer lääd", saacht sie versesse,
„es gibt halt noch mol Supp zu esse".
„Des macht nix" , saach ich „wann gewiss
es net Tomatesupp grad is".

Ich heb de Deckel uff – oh jeh,
mer glaabt net, was ich do grad seh:
rodie Tomatebrieh – ganz warm,
wu fer mein operierte Darm!
Weil ich vum Hunger grad besesse,
hab ich se mit Verachtung gesse.

Eikaafsbumml

Verdammt, wie bin ich heit so mied,
schbier jeden Knoche – jedes Glied.
Uff so em harte Marmorboode,
so was g´heert werklich grad verbote!
Mir dabben rum fer eizukaafe,
duun schdunnelang im Kaufhaus laafe.
Mol Rolltrepp nuff, mol Rolltrepp nunner,
wann des net stresst, des wär ä Wunner.
Du siehscht nix vun der große Welt,
kriegscht net mol Kilometergeld!

Bazill

Wu bischt dann du, klääni Bazill?
Wu hoscht dich dann verschdeckt?
Ich hab schunn iwwerall gesucht
unn dich noch net entdeckt!

Ich hab dich uff de Deerschlenk g´sucht
vun unserer Toilett,
am Heerer vun dem Telefon
unn sogar unnerm Bett!
Am Dricker vun `re Ampel gar
unn uff de Taschtatur
vun dem PC, wu ich ´s letscht war,
wu bischt du dann blooß nur?

Du bischt so klää, mer sieht dich kaum,
net mol mit enre Lupp!
Treibscht du dich ach im Esse rum,
vielleicht ach in de Supp?

Du richscht verdammt viel U´heil a´,
do hab ich was degeche.
Ich denk, do hilft nur äänes blooß:
Die Händ´ viel öfters wesche!

Noochdischgewitter

Heit Middaach, do gab´s Sauerkraut,
Saumaache mit Naturdarmhaut
unn ach ä Schdickl Brot dezu
hab ich gegesse – ganz in Ruh.

Uff ämol kam en Riesedunner
im Hosseboode – ´s war kä Wunner –
gegrollt, uhne dass es geblitzt,
selbscht wammer uff em Schdiehlsche sitzt.

So ä Nadurschauschbiel, ihr Leit,
des kummt als vor, vun Zeit zu Zeit.
Do brauchscht net iwwer Bauchweh klaache
unn ´s gibt kä Wettervorhersaache!

Maachebitter

Hoscht du des Esse net verdraache,
hilft Kraiterbitterschnaps im Maache.
Macht dir dein Maache ach kä Mucke,
kann mer ihn u´bedenklich schlucke.
Mach´s nor net – des will ich dir roote,
wann dir´s de Dokter hot verboote.

Erschder Rausch

´s war Woifescht – ich hab mich entschlosse:
„Heit will ich´s ach mol laafe losse.
De Hals enunner durch die Kehle,
dann kann ich´s morsche ach verzehle,
was ich doch fer en Kerl gewest
am erschde Daach vun demme Fescht!"

Des Trinke war net allzu schwer,
so ließ ich´s laafe – immer mehr,
bis ich letschtendlich dann gedenkt,
´s is Zeit unn bin dann häämwärts g`schwenkt.

Die Nacht war grausich, muss ich saache,
soviel Woi hab ich net vertraache.
Ich hab dezu ach gar nix gesse,
die Brie kam ganz raus unnerdesse.
Denooch en riesegroßer Kater,
ergänzt debei des ganz´Theater!

Die Prozedur hot dozu g´fiehrt:
„Känn Troppe werd meh a´geriert!"
Unn war desweeche dann am End
ä halwes Johr lang abschdinent!

Den Vorfall hab ich nie vergesse,
trink jetzt de Woi nur noch zum Esse.
Der dut mer gut, nooch der Devise:
Mer kann ach wennich – schää genieße!

Quiz-Duell

Viele tausend Menschen wagen,
die Langeweile totzuschlagen.
Die einen woll´n ins Kino gehn,
um einen schönen Film zu sehn,
die andern gehen gern spazieren,
tun sich auch mal amüsieren,
dann wieder andre wollen schwitzen,
weil sie gern in der Sauna sitzen.
Dann gibt´s, die sich sowas nicht trauen
und tagelang nur Fernseh schauen.
Doch Leute gibt´s, die sind viel lieber
im Quizduellspiel-Rätselfieber.
Spielt man mit Mann oder mit Frau?
Das weiß man meist nicht so genau.
Man spielt im Wohnzimmer, im Bett,
im Raum, wo man die Ruhe hätt´,
im Schlafzimmer und im Büro,
oder vielleicht mal auf´m Klo!
Mit viel Ruhe und Verstand
und dem Smartphone in der Hand,
soll man bei des Quizes Tücken,
eben halt nur richtig drücken
auf dem Bildschirm einen Batten,
weil wir von vier die Auswahl hatten.

Manchmal kommt, oh welch ein Graus,
wie auf dem Kloo nur Unrat ´raus.
Weil es dir stinkt, wenn du verloren,
ist´s stille Örtchen auserkoren!

Nicht zu verachten ist, dass man
bei dem Quiz sehr viel lernen kann!

Es soll sogar menschliche Wesen geben, die auf der Toilette
Zeitungen und Bücher lesen.

Geworschtelt

Worscht unn Dorscht, die sinn ä Paar!
Des reimt sich jedenfalls sogar.
Denn – is se gut gewerzt, die Worscht -
kriegscht meischtens druff än rechter Dorscht.

Du trinkscht ä Bier odder ach Wei,
es kann ach blooß ä Säftl sei.
En Flaade Brot is dozu gut,
dass mer´s ach gut verdaue dut.
En Schnaps denooch fer in de Maache,
losst dann die Worscht ach gut vertraache.

Weil Worscht unn Dorscht sich sehr gut kenne,
sinn die als Paar niemols zu trenne.

Zum Johresend

Wann annere beim Feierwerk
ihr eichnes Geld verschieße,
dann trink mer noch ä Gläsl Sekt
zum Feierwerkgenieße.

Sparsamer Oschderhaas

De Oschderhaas, der lecht kä Eier,
er kaaft se, wann se net so deier.
Die Farwe kaaft er uhne Not,
wann die im Sondera´gebot.
Unn lecht se dann, das is es bescht,
an Oschdre ins gemachte Nescht.
Unn wann se findscht, dann bass mol uff,
vielleicht is noch es Preisschild druff!

Verschoweni Weihnachte

Am Heilichowend war´s drauß warm,
unn ´s laach ach gar ken Schnee.
´s isch bschdimmt die Erderwärmung schuld,
wie ich die Sach jetzt seh´!
Im Januar war´s eisich kalt,
´s hot g´schneit, so wie mir´s liewe.
Ich glaab, mer müsst´ die Weihnachte
uff Januar verschiewe!

Rund um die Kersch

Pälzer Biwl

De Luther nachelte an d´Kersch
ä groß Plakat in Wittenbersch.
´s war ä Papier mit viele These,
grad 95 Stick gewese.
Weil ihm der Ablass hot missfalle,
den Tetzel hot verkaaft an alle,
wu anno Fuchzehhunnertu´grad
gesündicht hawwen – ganz in U´gnad.
Un domit war´s halt mol bassiert,
mer hot de Luther vorgeführt.
In Worms, wu ´n Reichsdaach is gewese,
do hätt er dann die viele These,
ganz demutsvoll unn uhne Grolle,
uff ämol widderrufe solle.
Weil viel Gemüter er erreecht,
hot mer en Bann uff ihn geleecht.
Doch die gemeinschte Sauerei,
er war uff ämol vochelfrei.
De Kurferscht Friedrich – net geloche –,
hot ihn aus em Verkehr gezoche.
Als Junker Jörg hot er dann jetzt
in Wartburgs Maure iwwersetzt

´s nei Teschtament aus griech´scher Letter
in d´ hochdeitsch Schbrooch per Gänsefedder.
Damit in Deitschland Fraa unn Mann
die Biwl endlich lese kann.
Blooß fehlte ihm die liewe Zeit,
dass er ach fer die Pälzer Leit
des Biwlwerk – net iwwertriwwe –
ach noch uff Pälzisch hätt´ geschriwwe.
In Neischdadt in der schäne Palz,
do hot en Parrer jedenfalls
des Werk vum Luther dann vollend´t:
die pälzisch Biwl, die mer kennt.

Die „Bibel uf Pälzisch" von Michael Landgraf und Erich Hollerith ist im Verlag regionalkultur erschienen.   ISBN 3-89735-283-4

Lese fer de Dom

En Proteschtant liest fer de Dom,
der kummt aus Speyer – net aus Rom!
Ich mään, als Speyrer Brezelbuu:
zu Speyer gheert de Dom dezu!
Unn weil ich ach aus Speyer komm,
les´ ich drumewe fer de Dom;
des uhne awwer – uhne wenn,
weil mir de gleiche Herrgott hänn!

De Kaiserdom zu Speyer

Fahr ich im badisch Ländl rum,
weil ich halt grad´aus Hockene kumm
unn uff de Rhoibrick denk ich als:
„Glei bin ich widder in de Palz"!

De Kaiser Kunrad hot gedenkt,
als Speyer er den Dom geschenkt,
dass jedermann unn jedes Kind
dodurch de Häämweech besser findt.

Im Dom – als echti Koschtbarkeit,
erricht vun fleißische Handwerksleit,
kannscht bete als än guter Chrischt,
ach wann du net katholisch bischt!

Unn sitzscht du ach mol im Domgade,
duscht vielleicht uff ä Mädl waade,
die wu sich korzerhand entschlosse:
„Den Kerl du ich heit sitze losse"!
Mach dir desweeche gar nix draus
unn geh halt mit ´re annre aus.

„Lese fer de Dom", „de Kaiserdom zu Speyer" und „Koschtbarkeite" waren u. a. meine Beiträge zu „Die Pfalz liest für den Dom in den Jahren 2016 und 2017

Weil mei Großmudder ä Mädl war!

Mein Urgroßvadder müdderlicherseits war katholisch unn sei Fraa proteschtantisch.

Domols sinn die Buwe, wie de Adam, de Jakob unn de Schorschl, katholisch worre.

Die Mädle, wie die Auguschde, die Anna, die Elsa , die Emma unn mei Großmudder, die Marie, sinn, wie ihr Mudder, halt proteschtantisch gedaaft worre.

Meine Großmudder ihrn Mann war ach proteschtantisch unn denne ihr Dochter, mei Mudder, hot ach en proteschtantische Mann g`heirat.

Unn weil mei Großmudder ä Mädl war, bin ich jetzt ach proteschtantisch!

Fääschefeier

In Speyer, in de Gutebergschdrooß 14a, steht mei Elternhaus. Genau an dere Ecke, wu die Luzerngass uff die Gutebergschdrooß trifft. De Eigang war in de Luzerngass, unn domols war des Gässl noch viel schmaler wie heit.
Gecheniwwer vun de Eigangsdeer war ä hochi Mauer unn a´schließend ä grooßes Bauwerk, wu zu friehere Zeite die Poschthalterei unnergebrocht war.
Ich war wohl fascht siwwe Johr ä Änzelkind, bevor mei Schweschder uff die Welt kumme is.
An Schbielkamerade um mich rum hot´s nett g´fehlt. Unn mir hän als Glickerles, Fangels, Versteckls unn so Sache g´schbielt. Pokemon-go hot´s domols jo net gewwe unn Langweil hänn mir trotzdem nett g´hatt.
In de Gutebergschrooß, die wu frieher Hundsgass g´hääße hawwe soll, hot gecheniwwer de Peter, im Luzerngässl, zwää Haiser weiter, zwää Buwe, de Heinz unn de Ginter, sowie denne ihr jingeri Schweschder Christiane gewohnt. Net weit weg in de Wormser Schdrooß waren drei Buwe, de Fritz, de Stefan unn de Schorschl dehäm unn ach ihr Schweschdere, die Heddi, die Hilde unn`s Bärwelsche. Unn all minanner waren se katholisch!

Iwwer die verschiedene Relischione hämmer uns wohl selte unnerhalte, awwer do hab ich doch was vun emme Fääschefeier uffg´schnappt, wu´s gewwe sollt. Wammer net brav is unn sogar sündische due deet käm mer, wammer g´schdorwe wär, ins Fääschefeier.
Sowas hot mir als klääner Knirps furchtbar viel Angscht gemacht.
Dobei hot mer jo in dem juchendliche Alter kaum was uff em Kerbholz g´hatt. Des hot mir dodenooch so manchie Nachtruh geraubt – zumindescht beim Eischloofe.
Bevor ich jetzt weiter verzehl, muss ich noch saache, dass mer als alter Haasepieler, des is fer die Speyerer en Neckname, gewisse Bezeichnunge hot, die vum geweehnliche Schbroochgebrauch ziemlich abweiche.
Wammer zum Beischbiel ä Scheib Flääschkees will, saacht mer in de Metzgerei, mer hätt gern Hackbroote.
Es Erdg´schoss vun emme Haus is de erschde Stock. Dode- for is es erschde Owwerg´schoss de zwätte Stock unn   so weiter.
Wie ich dann 1957 in die Volksschul kumme bin, is mein Schulweech die Gutebergschdrooß entlang bis zum Siewertsplätzl verloffe unn dann hot mer ach schunn den große rote Sandschdääbau vun de Pestalozzischul im Aach g´hatt.
Des war ä Schul norre fer Buwe! Die katholische Schüler waren im Speyerer zwätte Stock unnergebrocht unn mir arme Proteschtante hänn zwää mol die große Treppe zu unserm Klassezimmer nufflaafe misse.

Jetzt war ich´s erschde Mol unner lauter proteschtantische Buwe.
Vun emme Fääschefeier hot mer do iwwerhaupt nix mehr g´heert, was mich nadierlich widder ziemlich beruhicht hot.
Jetzt frooch ich mich trotzdem als alter Mann, ob mit dem Ei´äschere vielleicht doch ´s Fääschefeier gemäänt is.

Awwer wann ich jemols dehinner kumm – verroote du ich´s kämme.

Glaabscht`s du?
Glaabscht du`s, dass ich glaab, dass du`s glaabscht?

Ä kläänie Sünd?

Mir is zu Ohre kumme: „Die klääne Sünde schdrooft
de liewe Gott sofort, die grooße awwer schbeeter!"

Ä Johr, noochdem ich des Gedicht „Multifunkzional"
g`schriwwe hab, bin ich beim Rickwärtsfahre mitm
Auto an emme gusseiserne Rechefallrohr hänge gebliwwe unn des hot ä Dell an dem geliebte Auto gewwe.

War des jetzt werklich mit dem Gedicht ä großie Sünd,
weil ich mich net an des neunte vun denne zeh Gebote
g´halte hab? Hot mer de liewe Gott blooß saache wolle,
dass emme Matscho so ebbes ach bassiere kann?

Awwer ob des, was mer do zu Ohre kumme is, in de
Biwl zu finne iss, des wääß ich halt doch net.

Druckfehlerdeiwl

En Deiwl gibt´s uff dere Welt,
der schafft bei Daach unn Nacht!
Der hot bestimmt do in dem Buch
ach Druckfehler gemacht!

Danke

Während meiner Lehrzeit habe ich in der Ferdinand-von-Steinbeis-Schule in Reutlingen folgenden Spruch gelesen und mir eingeprägt:

*„Kleinigkeiten machen die Vollendung,
die Vollendung ist jedoch keine Kleinigkeit!"*

Michelangelo Buonarotti (Anf. 16. Hahrhundert)

Die Entstehung eines Buches bedarf bis zur Vollendung vieler Kleinigkeiten.Wenn die vielen Kleinigkeiten nach der Schreibarbeit das Gerüst gebildet haben, wird die Lektorin bzw. der Lektor dieses Gerüst festigen. Über diese großartige Kleinigkeit denkt der geschätzte Leser oder Leserin in der Regel später sicher nicht nach.

Für diese große Kleinigkeit jedoch möchte ich mich an dieser Stelle bei meiner Lektorin Iris Kron recht herzlich für ihre Mühe, ihr Lob und den unverzichtbaren Tadel bedanken.

Wie gerne wäre ich doch jeden Tag in die Schule gegangen und hätte „gebüffelt", wenn ich so eine wundervolle Lehrerin gehabt hätte.

Mein Freund

Vor ein paar Jahren habe ich begonnen, ein Gedicht, ein Gebet zu reimen, das wohl einen Anfang, aber keine Fortsetzung und keinen Schluss gefunden hat:

De liewe Gott, des is mein Freund,
des kann mer bschdimmt so saache,
dem kann ich, wann mers dreckich geht,
mei Leid unn Elend klaache.

De liewe Gott, des is mein Freund,
des is jetzt halt mol so.
Sehe du ich ihn jo nie
unn trotzdem is er do!

Beim Lesen einer Anthologie des Literarischen Vereins der Pfalz e. V mit dem Titel „Einsichten & Ausblicke" von Oliver Bentz & Klaus Haag (Hg.) ist mir ein Gedicht aufgefallen, das sinngemäß das erfasste, was ich mit meinen Reinen verdeutlichen wollte.
Die ISBN-nummern lauten bei der
Vorzugsausgabe : 978-3-929242-45-4 und bei der
Normausgabe: 978-3-929242-46-1.

Es handelt sich um ein Werk der Autorin Florence Michel mit dem Titel „Mein unsichtbarer Freund".

Nach der freundlichen Zustimmung der Autorin möchte ich meinen Leserinnen und Lesern diese Verse nicht vorenthalten.

Mein unsichtbarer Freund

Du bist für mich zwar wie ein Geist,
der neben mir schwebt.
Aber du machst mir keine Angst.

Du gibst mir Hoffnung
Du gibst mir deine unsichtbare Hand – wenn ich falle
Du bist für mich da – wenn ich Tränen vergieße
Du bist da – wenn ich die kalte Seite des Lebens
                                                        entdecke
Du gibst mir den Halt dafür –
        es zu riskieren in die gute Welt zu blicken

Zwar unsichtbar – aber da.
Neben mir.
Mein unsichtbarer Freund.
Der mein Leid,
mein Schmerz,
meine Freude
und meine Hoffnung trägt.

                                          Florence Michel

Mein u´sichtbarer Freund

Du bischt fer mich zwar wie en Geischt,
der newe mir schwebt.
Awwer du machscht mir kä Angscht.

Du gibscht mer Hoffnung
Du gibscht mer dei u´sichtbarie Hand – wann ich fall
Du bischt fer mich do – wann ich Träne vergieße du
Du bischt do – wann ich die kalt` Seit
                         vum Lewe entdecke du
Du gibscht mer den Halt dodefor –
            ´s zu riskiere in die gut` Welt neizublicke

Zwar u`sichtbar – awwer do.
Newe mir.
Mein u`sichtbarer Freund.
Der mei Leid,
mein Schmerz,
mei Frääd
unn mei Hoffnung traacht.

                                    Heinz Ludwig Wüst

Besinnlich unn noochdenklich

Schau in den Spiegel

Mensch – schau in den Spiegel und sage:

„Mensch – du Mensch, dem man gesagt hat, du sollst dir die Erde untertan machen. Du hast vieles kaputt gemacht und du machst vieles noch kaputt!

Du hast das Kleinste, den Atomkern gespalten, um Menschen zu töten.

Du hast das Kleinste, den Atomkern gespalten, um immer mehr und billigen Strom zu erzeugen!

Und was machst du mit dem Abfall, mit den Fässern, die im Salzstock dahin korrodieren mit Halbwertzeiten, die ein Menschenlebensalter um ein Vielfaches überschreiten?

Du willst alles, schnell, schneller, billig, billiger und immer wieder noch mehr!

Du kaufst im Internet und willst, dass es dir der Handwerker einbaut, der keinen müden Cent daran verdient hat. Auch das soll er so billig wie möglich dir erbringen, soll gewährleisten, dass es einwandfrei funktioniert und er soll dann vielleicht noch lange auf sein Geld warten!

Du gehst in den Supermarkt auf der „grauen" Wiese, weil du dort alles auf einmal kriegst, billig und immer wieder billiger, wie du meinst!

Du gibst dem Tante-Emma-Laden keine Chance mehr zu existieren!

Erst wenn du nicht mehr ohne Auto beweglich bist und nicht mehr zur „grauen" Wiese fahren kannst – nur noch auf andere angewiesen bist, wirst du merken, Mensch, was du dir kaputt gemacht hast!

Du lässt dir weiß machen, dass du die Mehrwertsteuer geschenkt bekommst, wenn du dort in dem Geschäft einkaufst, das damit wirbt. Dir fällt diese Augenwischerei vor lauter Gier gar nicht mehr auf!

Die Großen richten einander selbst zugrunde, bis nur noch wenige davon da sind und d i e werden dir einmal die Preise diktieren, die ihren Umsatz- und Erfolgszahlen und ihren aufsteigenden Statistiken zum Höhepunkt verhelfen.

Du wirst eines Tages nicht mehr das frische, feine Brot deines Bäckermeisters aus der handwerklichen Backstube genießen können, wenn alles Vorgefertigte aus dem Backautomaten kommt!

Vielleicht wirst du auch nicht mehr die freundliche Fleischereiverkäuferin fragen können, welche Wurst sie dir empfiehlt, und die dir mit einem herzlichen Lächeln einen schönen Tag wünscht!

Auch wenn dein Abwasser nicht mehr abfließt, der Wasserhahn nicht mehr zu tropfen aufhört und du tagelang kalt sitzen musst, weil die wenigen Handwerker nicht mehr in der Lage sind, all diesen Arbeiten schnellstens nachzukommen, wird dir etwas fehlen!"

Nicht die anderen sind daran schuld. Nein – du Mensch, du – und man hat dir gesagt, du sollst dir die Erde untertan und nicht kaputt machen.

Mein Herzenswunsch

Falls ich mol in de Himmel derf,
anstatt in Deiwels Hitze,
do det ich gerne – liewer Gott –
newer em Dichter sitze.

Am liebschte wär´s vielleicht ä Fraa,
´s geht ach en netter Mann,
mit dem ich ewe jeden Daach
ach Pälzisch babble kann.

Es derf ach ruhich en Lehrer sei,
Hauptsach´, ´s is en Poet,
der mei Gereimtes lese dut
unn der des ach versteht.

Unn ab unn zu , do deten mir,
dir ´s Halleluja singe,
mit all dem große Kärchechor
des dann in Pälzisch bringe.

Ich wääß jo net, wie´s is bei dir
unn ob du uff mich hörscht,
wann d´ annre liewer hoscht wie mich,
hol` bitte die zuerscht.

Honich im Kopp

Do liegscht, ich kenn dich fascht nimmi,
unn du kennscht mich ach net immer.
Ich wääß, du kannscht werklich nix defor.
Ich bin dir ach net ämol bees.
Wu sin dei Gedanke?
Was geht bei dir im Gehirn vor?
Denkscht du an frieher?
Kummt jetzt alles raus, was d´ im Lewe in dich
neigschluckt hoscht?

Mol murmelscht do ebbes hie,
mol loscht en Kreisch raus,
mol lachscht äfach druf los,
mol singscht ä Lied, wu känner versteht!

Nä, des hoscht werklich net verdient,
fer all des, was du mit mir erlebt unn durch-
gemacht hoscht,
in gute wie in schlechte Zeite!
Unn mir hän viel minanner durchg´schdanne
unn stehen des jetzt ach noch durch:
– den Honich im Kopp – !

Iwwerm Berch

Es scheint die Sunn unn ´s singt die Lerch.
Gottlob, mir sin jetzt iwwer´m Berch.

Wääscht noch, wie uff der annre Seit´ der Weech u´ewe war?
War kaum geplaschdert, kaum geteert, mit Brocke b´schdickt sogar!

Wääscht noch, wie schmal der Padd gewesst, so steil unn u´wegsam?
Der Rucksack, der war voll bepackt, mit all dem viele Kram!

Wääscht noch, do owwe uff dem Berch, do wu der Gippl is?
Do war, mir hän des net gedenkt, ä großes Hinnernis!

Wääscht noch, wie dort´s U´wetter war, die Wolke grau unn schwer?
Gedunnert unn geblitzt hot´s a unn g´schitt noch umso mehr!
Wääscht noch, wie´s domols abwärts ging, wie mir so matt unn müd´?
Mir hän uns g´fräät, dass mer im Daal en bessrer Weech schun sieht!

Jetzt scheint die Sunn unn ´s singt die Lerch.
Gottlob, mir sinn jetzt iwwerm Berch!

Ich wääß es noch!

Ich wääß es noch, wie d´ 1958 in unser Klass` kumme bischt!
In die zwätt Klass` – unn du hoscht ganz annerscht gebabbelt wie mir.

Die annre hän g´saacht, der kummt vun driwwe – vun driwwe aus ´m Oschde.

Manche hänn ach gemäänt: „Des is en Rucksackdeitscher", was des sei soll, hab ich mit acht Johr noch gar net gewisst unn verstanne. Unn wann du des g´heert hoscht, bischt ach immer fuchsdeiwelswild worre.

Heit red´mer vun Migrante unn vun Integration.
Des war domols gar kää Frooch.
Du warscht äfach bei uns unn hoscht ´s Lese, Rechne unn ´s Schreiwe gelernt.

Ä Johr schbeeter hoscht du dann ach gebabbelt wie mir, mit emme klääne Akzent vielleicht.
Dei Mutter hot dich b´schdimmt net verstanne, wann d´ mol aus Versehe pälzisch mit ihr geredd hoscht.

Nooch de achte Klass hänn sich unser Weech getrennt, unn ich hab dich nimmi g´sehe. Do steh ich jetzt uff ´m Friedhof vor deim kiehle Grab, an dem ich zufällich vorbei kumme bin.

Bei uns – in Pälzer Erd´ – unn uff dem Sandstää aus ´m Haardter Stääbruch stehen dein Name unn Date ei´gemääßelt.

Du bischt ääner vun uns worre unn den Vorhang, den eiserne, gibt's inzwische ach schunn lang nimmi!

Bremsbelääch

Egal, uff was fer emme Weech,
do brauchscht du se als Bremsbelääch.
Unn außerdem ä gut Profil,
wann d´ laafe willscht ganz schnell unn viel!
Sinn die ganz glatt, wie´n Kinnerpo,
schmeißt mer die Schuh fort – äfach so!
Mer losst se ach net u´verstohle,
beim Schuschder äfach nei besohle.
Heit schmeißt mer ´s Schuhwerk leis unn still,
wann´s abgeloffe uff de Mill!

Wann du mol alt unn abgeloffe,
werd die Entscheidung dann getroffe,
wie bei paar Schuh – des is die Frooch:
Was macht mer dann mit dir denooch?

„Ich kann ders nit saache"

Do sitze mer zamme in dere große Kich, an dem massive viereckische Kichedisch mit dere geblumte Waxdischdeck druff.

Du sitzscht uffm Schduhl an de Stirnseit, hoscht än Schoppe Trauwesaftschorle, ä Porzion Hausmacher unn ä Knärzl Brot vor dir. Ich sitz uff dere schääne handgemachte Eckbank, wie mer se heit fascht gar nimmie zu kaafe kriecht.

Mer verzehlen bissl minanner vun domols, geschdern unn heit. „Es is halt schää, dass mer vun dir vun alde Zeite was erfahre kann", saach ich, „'s gibt jo immer wennicher Leit, wu mer frooche kann, wie's domols werklich gewesst is."

Unser Eltre sin aa schunn lang nimmie do unn 's isch schää, wammer noch en Zeitgenosse wie dich vor sich hot, wu noch so viel wääß unn geischdich so fit ist mit seine fascht neunzich Johr.

„Domols", sachscht, „domols war ich net allää an dem Disch gsässe, wu mir jetzt grad hocken, wie mer noch zu viert waren. Mei Frää, mein Buu, mei Schwichermudder unn ich. Unn heit sitz ich ganz allää do. Mein Bu unn sei Frää unn mei äänes Enkelkind wohnen halt weit weg unn kummen mich ach nett so oft bsuuche."

An de Wand hänge zwää Fotos, wu zwää klääne Kinner druff zu sehe sin. Er geht ganz nooh hie unn betracht se sich, weil er ach nimmie so gut sieht. Dann setzt er sich widder uff de Schduhl unn saacht: „Des sin mei zwää Urenkelscher, vun meine Enkeldochter, die wohnen ganz weit weg, doo, wu mer blooß Englisch babble duut unn ich hab se noch nie im Lewe sehe derfe. Wie gern hätt` ich se doch blooß ämol im Arm g`halte". Dodebei verquetscht er ä Trään, holt sei Sackduuch raus unn wischt se ganz traurich ab. Dann saacht er: „Was hab ich im Lewe blooß verkehrt gemacht? Ich kann ders nit saache!"

Wortschbielereie

HLW

Dicht, Dichter, am dichteschde

Määnscht, ich wär nimmi kloor im Kopp,
bei dem, was ich do schreib´,
des wär de greeschde Bleedsinn nur,
unn dass ich iwwertreib´?

Des isch halt so, wann ich en seh´,
den dumme Laaf der Welt,
do geht mir als ä Lichtl uff,
wann ich do driwwer schelt!

Doch manchmol, do is´s net blooß äns,
do sin´s ganz viele Lichter,
unn bin in meim Kopp net blooß dicht,
do bin ich sogar Dichter!

Gut, besser, geil

Geil is, wann mer so iwwerlecht,
en Mensch, wu körperlich erreecht!
De kläänschte Knilch wääß es schun heit,
das „geil" was annres noch bedeit!
Mer schdeichert „gut" heit alleweil,
zuerscht mit „besser" und dann „geil"!

Weihasser

De Horscht, der aus Forscht,
der hot öfters Dorscht!
Ein Neier aus Weyher,
der is ihm zu deier.
Dut sich ach nix mache
aus Schbeetlääs vun Lache.
Der Riesling aus Hambach,
der halt ihn net lang wach!
Honichsäckl aus Ungstää,
find der meischdens ach net schää.
Vielleicht sollt´mer´m bringe
en Wei aus Böchinge!
Gleisweil´rer Burgunder,
macht ihn ach net munter!

Ja, so em Weihasser,
g´heert blooß Leitungswasser!

Thema Wei

Iwwer de Wei werd viel geschriwwe,
unn manchmol bissl iwwertriwwe.
Ach gschriwwe hot besonders viel,
in emme Buch de Wolfgang Diehl.
De Jürgen Deutsch hot mit Bedacht,
häufich Gedichte schunn gemacht.
Unn deshalb hab ich mich entschlosse,
mehr Reim zum Wei jetzt bleiwe losse!

Landwertschaft

Warum hääßt des Landwertschaft?
Weil dort als en Landwert schafft?
Es is bestimmt kä Hinnernis,
wann's ä Landwertin manchmol is.
Unn außerdem, wääß jedes Kind,
was mer in ännre Wertschaft find.
Do gibt's zu Trinke unn zu Esse,
des derf mer sicher net vergesse.
In viele Fäll' werd ach am End',
die Wertschaft vun dem Land getrennt.
Es dut de Mensch, ich muss gestehe,
in's Gasthaus dann zum Esse gehe.

So Zeich bassiert, wann mer gezielt,
mit viele deitsche Wörter schbielt.

Ebbes a´gschdellt?

Hänner ebbes gesse
unn ach ebbes getrunke,
hänner ebbes g´feiert,
ihr trauriche Halunke?
Hänner ebbes agschdellt,
hänner ebbes gedreht,
wu dann ebbes defu
in de Zeidung steht?

Ebbes Kläänes

Es hänn zwää do ebbes gemacht,
unn des war ebbes Schäänes.
Die hänn debei net uffgebasst,
ich glaab, ´s gibt ebbes Kläänes!

Ebbes zum Heile

Ich soll jetzt ebbes mol entsorsche,
vun denne viele Sache.
Es fliecht im Haus so vieles rum,
des is nimmi zum Lache.
´s letscht hab ich ebbes fortgeschmisse,
jetzt hätt´ ich´s brauche känne,
´s war ebbes, wu ich jetzt vermisse,
– so´n Scheiß – ich kännt grad´flenne.

Ebbes g´sucht

Ich hab ebbes g´sucht,
hab ebbes gar net g´funne,
hab owwe mol geguckt,
unn ach ä bissl unne.

Ich hab dann nooch hinne
unn vorne geguckt,
jedoch konnt´s net finne –
wer hot ebbes verschluckt?

Ebbes gerett

Ach wann ebbes gebraucht is
unn ebbes noch geht,
kann sei, dass dann ebbes
in de Zeidung steht.

Will mer so ebbes kaafe,
weil mer so ebbes gern hätt,
hot mer vielleicht ebbes
vor´m Schberrmill gerett!

zwäbbes

Sunndaachsfrieh, guck ich – wann´s geht –
ob ebbes in de Zeidung steht,
wu ich gereimt unn ei´gereicht
odder gar zwää Gedichte vielleicht?
Dann is des awwer nimmi ebbes,
…..dann sin ´s halt zwäbbes!

Stännich!

Stännich is bei mir was los.
Stännich geht was in die Hos´.
Stännich hab ich rumzulaafe,
fer stännich ebbes ei´zukaafe.
Stännich werd ich viel zu dick.
Stännich wart ich uff mei Glick.
Stännich werr ich bissl mied,
wann´s Friehjohr in es Land reizieht.
Stännich werd dra rumgemault.
Stännich werd ich noch verkrault.
Stännich bin ich u´a´stännich.
Stännich is mei Geld zu wennich.
Stännich mach ich ä Gedicht,
weil mir stännich so was licht.
Stännich werd mer rumdressiert,
bis mer die Geduld verliert.
Stännich guck ich, wann es geht,
was stännich in de Zeitung steht!

Gedenkt

Er:
„Ich hab gedenkt, du bischt grad im Gaade".

Sie:
„Des is awwer schää, wann du dir was denkscht"!

Er:
„Du denkscht alsmol, ich det nix denke, wann ich mir was denk.
Awwer ich denk trotzdem, wann du so was denkscht.

Vielleicht denkscht du, ich denk was Verkehrtes, wann ich was denk.
Awwer ich denk, dann denkscht du halt net, was ich grad gedenkt hab.

Denk mol do driwwer nooch!"

Jenseits vun de Palz

Aus Nordseefluten aufgetaucht,
ein Wesen, das nicht säuft und raucht,
sein Haupt mit Seetang überdeckt,
hat es gar manchen Mensch erschreckt!
Es ist kein Zwerg und auch kein Riese
Klaus ist's - gebürtiger Ostfriese!!!

Heinz Ludwig Wüst

Nordfriesische Inselliebschaften

Gemütlich schwimmt auf einer Woge
die Möwin vor der **Hallig Hooge**.
Da kommt geflogen – ohne Stress –
ihr Hausfreund von der **Langeneß**.
Ihr Gatte hat nichts mitgekriegt,
weil er grad´ Richtung **Amrum** fliegt.
Sein Flügelschlag ist ziemlich wild,
er hat ein Date auf´der Insel **Sylt**.
Die Möwin mag den Hausfreund leiden,
drum lässt sie sich auf **Pellworm** scheiden.
Das Jahr der Trennung stört nicht sehr,
denn das verbringt sie dann auf **Föhr**.
Romantisch bei der Abendröte,
verlobt man sich auf **Hallig Gröde**.
Geheirat´ wird bald still und leise,
nach **Römö** geht die Hochzeitsreise.
Der Kindersegen, oh wie fein,
stellt sich auf der Insel **Oland** ein.
Gebroch´ne Herzen – starke Triebe,
gibt´s nicht nur in der Möwenliebe.

Dithmarscher Liebesleben

In Dithmarschen im Nordseemeer,
da schwamm ein Goldbarsch hin und her.
Der kannte eine Flunder,
die war recht schön und munter.
Er hatte sie schon lang´gekannt,
sie war aus dem Nordfriesenland.
Weil er es sich vorgenommen,
er würde gerne zu ihr kommen,
schwamm wie sonst gewöhnlich
er zu ihr höchst persönlich.

Zusätzlich im Ostfriesenland,
im Westen er ´nen Plattfisch fand,
der ihn, wenn er sich hat bewegt,
auch körperlich etwas erregt.
Aus diesem Grund besuchte er
ihn im Ostfriesen-Wattenmeer.

Die Flunder hat sich vorgenommen,
einmal zum Goldbarsch hinzukommen.
Zur gleichen Zeit, der Plattfisch fand
sich gleichfalls ein im Dithmarscher Land.
Im Fischernetz – und zwar bei Flut,
wurden gefangen sie partout.

Der Goldbarsch, der Plattfisch und die Flunder
zusammen nun, oh welch ein Wunder.

Auf einem Teller, wie mir scheint,
war´n alle drei danach vereint,
in einem Restaurant für Fische,
auf großem hübsch gedecktem Tische,
da endete, man glaubt es nie,
des leck´ren Goldbarschs Bigamie!

´s ist ja bekannt, dass eine Flunder,
wohl auch ein Plattfisch ist – mitunter!

Ostfriesisches Inselhüpfen

Ein Seehund im Ostfriesenland
auf einer Sandbank weißem Sand,
den quälten tagelang die Triebe
und er vermisste so die Liebe.
Er dacht´ zurück, wie´s einst geschah,
als er einmal auf **Borkum** war.
Die Seehündin, die war so süß,
es war grad´ wie im Paradies.

Und auf der schönen Insel **Juist**,
haben sie sich verliebt geküsst.
Doch leider war in **Norderney**,
diese Beziehung bald vorbei.
Und gleich darauf in **Baltrum** fand
er dann ein Weib im heißen Sand.
Doch er erfuhr auf **Langeoog**,
dass sie ihn zeitweise betrog.
In **Spiekeroog** im weichen Sand
sagt sie, dass sie ´nen andren fand.
Und bald schwamm er auf einer Woge
gen Osten bis nach **Wangerooge**.
Dort lebt´er, zeitweis unbenommen,
ist dann nach **Borkum** heim geschwommen.

Er will nie mehr ´ne Freundschaft knüpfen,
und lässt auch nun das „Inselhüpfen".

Schbätzlkriech

In Nord unn Süd im Bad´ner Land
– unn des is iwwerall bekannt –
dass dort, ob Fraa odder ob Mann,
net jeder d´ Schwoowe leide kann.

Mer hot mit´m Schbätzlbrett gedroht,
mer schlacht domit die Schwoowe dot.
Selbscht junge Borsch, ´s is net zum Lache,
hän sich desweeche schun verschlache.
Die dun sich weche Scheißdreck streite,
unn des is garnet zu vermeide.

Doch äänich sin se unnerdesse:
beim Schbätzlemache – Schbetzle-Esse!

Soure Kuattle

Linsespätzle, Soidewürschtle,
oin Teller voll bis an de Rand,
ond´ Roschtbroote mit viel Zwiable,
isst mr gern im Schwoabeland.
Soure Kuattle ond´ Mouldasche,
ond´ dezua noch Souerkrout,
machet älle Schwoabe glücklich,
do wird kräftich neigehaut.
Spätzle derfet au nit fehle,
schdohn ouf jedem Schboiseplaa,
ond´ oi guates Viertele
schdellt mr in de Wirtschaft naa.

Kummen die ins Pälzer Ländl,
wu Sauchmaache werd serviert,
sinn die vun der Pälzer Kich
unn vun unserm Wei geriert.

Fahr´ ich als ins Schwooweland,
ess´ ich ach gern d´ Schwäbisch Koscht,
mit saure Kuttle kannscht mich jaache,
vun Stuttgart riwwer bis uff Loscht!

Badischer Auswanderer

Bei uns, do is en Mann bekannt,
unn der kummt aus em Badner Land.
Der hot sich äfach vorgenumme,
ganz freiwillich in d´ Palz zu kumme.
Der is, wann mer ihn richdich kennt,
ganz fleißich unn intelligent,
bei uns ä neiji Heimat fand
unn fiehlt sich wohl im Pälzer Land.
Er hot sich ach in letschter Zeit,
schä a´gebasst bei Pälzer Leit.
Mer merkt halt, wann er mit uns redd,
gut Pälzisch babble kann er net!
Als ich es Schaffe a´gefange,
is mir´s in Baaden ach so gange,
dass mer do driwwe iwwerm Rhei
saacht: "Des kann nur en Pfälzer sei"!
Zum gute Schluss muss ich noch saache,
mer kann sich werklich gut vertraache,
mit Baadner Leit im Oschde driwwe,
ach wann se net dehääm gebliwwe.

G´schichte unn Anekdote

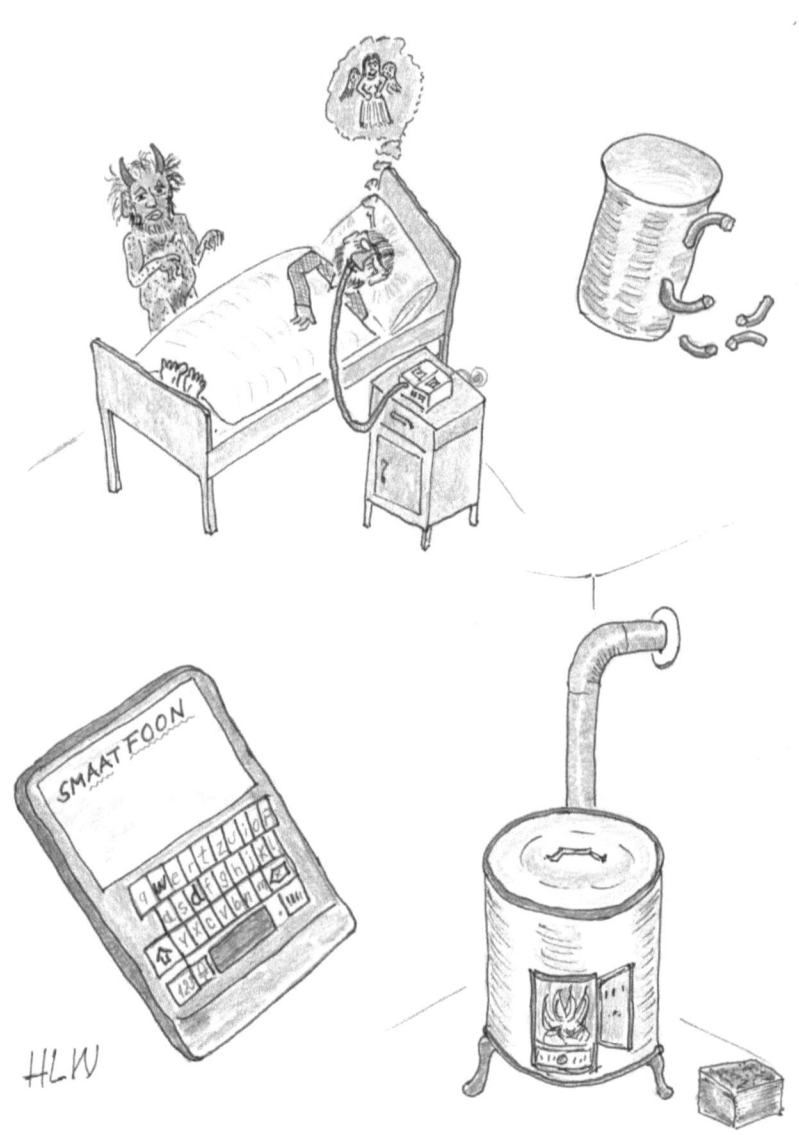

Nomen est omen

odder Name birscht fer Qualidät

Als klääner Pimpf hab ich mer Sorsche weche moim Name gemacht. Wammer ach „Wiescht" hääßt!
Die ääne hänn geuuzt in de Schul unn wann was net so richdich hieg´haue hot, hänn se gsaacht: „Name birscht fer Qualität". Unn dodebei soll mer noch ä g´sundes Selbschtvertraue entwickle.

Än klääner Trooscht gebt´s awwer noch.

In de Biwl soll stehe: „…und die Erde war wüst und leer"

Dann hab ich mir allmählich Sorsche um moi weiteres Familielewe gemacht. Ob ich jemols ä Fraa finne du? Wer will dann ach mit so em wieschde Name soi Lewe mit sich rumschleppe.

Dann hab ich mer doch g´saacht: Moin Vadder Rudolf hot ä Fraa g´funne, moin Opa Ludwich, moin Uropa Wilhelm un ach moin Ururopa, de Heinrich, hot ä Fraa g´funne.

All moi weibliche Vorfahre hot´s scheinbar nix ausgemacht, „Wiescht" zu hääße.

Moi Sorsche hänn sich, wie mer wääs, doch als ubegründet raus gschdellt.

Unn wann ich dann moi Schwicherdechter betracht, die jo in dere heitich Zeit ihrn Mädlname behalte gekännt odder sich ach än Doppelname zuleche gekännt hättn, all minanner wollten se „Wiescht" hääse unn des finn ich werklich schää vun denne.

Ä Mol, des derf mer sicher verzehle, do hab ich mol ä Mädl aus´m Saarland gekennt, awwer aus dere Fernbeziehung is nix worre. Die hot dann schbeeter en Mann g´heirat, der wu Hübsch hääßt unn des is jo schließlich ach net zu verachte, wammer durch ä Heirat so en schääner Noochname kriegt.

Wammer sich do mol in de Südpalz umguckt, do is es kaum zu glaawe, wieviel „wieschde" Mensche es gibt, die ach werklich gar net so „wiescht" sin, wie se hääßen. Des beweist, dass die Römer ach net immer recht ghatt hän mit ihrem „nomen est omen".

…iwwrischens, die Schwoowe hän manchmol noch viel, viel schlimmere Noochname. Gell?

Erschder Haftpflichtschade

De Axel hot in Speyer gecheniwwer vum Palascht-Theater-Kino in de Karmeliterschdrooß gewohnt, unn weil des Kino domols ach zu dem Kino „Aschdoria" in de Unnerlanggass g´hert hot, hot de Axel immer die „Wocheschau" vum ääne ins annere Kino bringe derfe. Dodefor hot er ach immer freie Oitritt zu alle mechliche Filme g´hatt.

Domols waren for allem die „Fuzzi-Filme", ganz spannende Western, im Renne. Awwer ach „Dick und Doof", unn was es sunscht noch alles gewwe hot. Im Kino hot´s dann ach noch so Kinobroschüre vun denne jeweiliche Filme gäwwe.

Mit moim Daschegeld hot´s awwer immer erbärmlich ausg´sehe, weil ich, wann ich als ämol ä Märkl vun de Dante Emmi oder de Ullriche Dante g´schenkt kriecht hab, des glei widder in Sießichkeite umg´setzt hab. Der Sießwarelade war nämlich net weit weg vun unserm Haus in de Wormser Schdrooß, an de Eck vum Luzerngässl.

An ämme schääne Daach hab ich zu moim Schulfreund Roland g´saacht: „Du, mer könnten ämol ´nausfahre ins Capitol, des war ä anneres Kino in de Wormser Landschrooß gecheniwwer vun de Bernhardskersch.

Die hän beschdimmt vun denne Filmblättle, wu mer ausdähle kännten, damit mer Kinofreikaate krichen."

De Roland war dodemit ach oiverschdanne, weil des jo ebbes Neijes war. So sin mer dann mit de Rääder zum Capitol hieg´saust, hänn uns in de Vorhall rumgedrickt, bis dann uff ämol ä Fraa uffgetaucht ist, die g´froocht hot, was mir iwwerhaupt wollen.

„Hänn Se vielleicht vun denne Filmblättlscher zum Ausdääle fer uns?" hämmer se gfroocht. Dann hot se uns ach, damit se halt ihr Ruh hot, zwää Packe vun denne Filmblättlcher gebrocht unn g´saacht, dass mer die verdääle kännten. Wie ich mich awwer dann nooch Freikaade erkundicht hab, hot se uns erklärt, dass mer wohl die Blättlcher verdähle kännten – awwer Freikaate gibt´s net.

Na, dann sin mer ganz entteischt mit dem viele Papier zum Roland häm g´fahre. Dann hab ich zum Roland g´saat: „Sin mir dann bleed, machen uns die Ärwet unn kriechen nix defor. Roland, mir verbrennen die!" Awwer wu kann mer dann wohl des viele Papier verbrenne unn do hot de Roland verzehlt, dass se jo in de Weschkisch än große Weschkessel hänn. Do sin mer dann vor dem gemauerte Weschkessel g´schdanne, uff dem än großer runder Deckel verborche hot, was in dem wunnersame Ding verschdeckelt war.

Kaum waren die erschde Blättlcher verbrennt, hän mir als weiter dem Feier soi Nahrung gewwe.

Am negschde Daach, wie ich widder zum Roland kumme bin, hot soi liewie Mutter mich zu sich genumme unn g´froocht, was mer geschdern ag´schdelt hätten.

„Ei, mer hän die Kinobläätlcher verbrennt, weil die uns net ämol zwää Freikaate defor gewwe wollten, wann mir des Zeich verdäälen," hab ich zur Antwort gewwe.

„Heinz", hot im Roland soi Mutter g´sacht, „in dem Weschkessel war kän Droppe Wasser drin, awwer än Haufe Wesch unn ach Vorhäng unn des is jetzt alles kaputt mitsammt dem Kessel".

Moin Vadder hot, in kluucher Voraussicht uff moi zukünftisches Lewe – Gott sei dank – ä Haftpflichtversicherung abg´schlosse g´hat, die dann alles, sammt dem Weschkessel, bezahlt hot.

Ich kann´s jo verroote: Des war net moin letschde Haftpflichtschade, den ich im Lewe fabriziert hab, denn wozu hot mer dann die Versicherunge fer so ebbes...

A´rufbeantworterg´schprääche

Ich wollt´ de Herr Backes im Saarland a´rufe, hab die Telefonnummer 068 unnsoweiter gewählt. Als die Verbindung herg´schdellt war, meld´t sich ä bayrischi Schdimm uff dem A´rufbeantworter unn saacht:

„Wenn i g´wusst hätt, dass S´ oaruafn, wär i dahoam bliam. Sie derfents mir a Noachricht nach´m Biepton hinterlassn!" – *piep* –

Dann hab ich ´re uf ihr A´rufbeantworter g´saacht:

„Mein Name is Heinz Wüst. Liewi Fraa Backes, des is awwer schää, dass Sie weche mir dehääm gebliwwe wären.

Wann ich awwer gewisst hätt´, dass Sie net dehäm sin, hätt´ich erscht gar net a´gerufe. Ich winsch Ihne en schääne Daach unn ruf schbeeter nochmol a, wann ich denk, dass Se widder dehääm sin!"

Blooß bissl verrutscht

Whatts äpp is doch manchmool eichentlich ä schääni Sach. Du kannscht liewe Grüß´ unn Fotos verschicke in die ganz Welt. Net alles is schää, was emme do uff seim Bildscherm zugemut werre duut, awwer ab unn zu kummt doch was Heiteres uff em zu.

Seit geraumer Zeit schbiel ich ä Rooteschbiel uff dem Deiwlskaschde, dem Smartfoon, unn des nennt sich „Quiz-Duell". In de Reechel schbielt mer do mit emme Deckname, unn ob dein Gecheschbieler ä Männl odder ä Weiwl is, wääß mer normalerweis ach net. Da mer jedoch mit seim „Quiz-Duell-Leidensgenosse" dschätte kann, b´schdeet die Meeglichkeit, was iwwer sein Gecheschbieler beziehungsweis sei Gecheschbielern zu erfahre, wann der annere sich aute duut.

An emme schääne Daach war es dann so weit, dass ich mit de Gabi, emme weibliche Wese aus´m Freischdaat Bayern, en reecher Kontakt uffgebaut hab unn mir hänn uns manchmol ach Imäils gschriwwe unn ach gewhattsäppt.

Weil sie mir liewevoll als mol schääne Grüß´ unn Wünsch´ zukumme gelosst hot, hab ich re mit paar gereimte Verse geantwort unn so ging des u´kompliziert äwe hie unn her.

Nooch enre klääne Sendepaus´ hab ich mich mol widder mit „Halloooo" gemeldt, unn sie hot mer zu verstehe gewwe, dass se grad in Norddeitschland bei ihre Verwandtschaft unnerwegs war. „Vielleicht sollt ich dir mal mein Gedicht vom „Sippentreffen" schicken", hab ich ´re a´gebote unn sie hot mer folchendes zurickgschriwwe:

„Hallo Heinz, freu mich, von dir zu hören. Saß grad noch mit meinem Mann auf der Terrasse und er fragte mich eben: wie geht´s denn deinem Freund, dem Dichter. Ja, würd mich riesig freuen, dein Gedicht zu bekommen. Geht´s dir und deinen Lieben gut? LG Gabi."

In Reimform hab ich ihr dann ach u´verzüglich zurickg´schriwwe:

„Am liebsten geht mir´s gut,
wenn keiner mir was Böses tut.
Grüße auch noch deinen Mann,
damit er dich verwöhnen kann.
Zeig ihm ein lächelndes Gesicht,
denn fertig ist jetzt mein Gedicht.
Gehab´ dich wohl und schlafe gut,
bis dich dein Gatte **decken** tut."

Gleich druff schreibt se mir: „Ist ja nett. Den letzten Satz versteh ich ned. Soll i jetzt rote Ohren kriegen?"

Als ich den letschte Satz mir angeguckt hab, is mir der saubleede Tippfehler uffgfalle. Des kummt defuu, wammer schnell was in den Bildschirm tippt unn liest net, was mer gschriwwe hot, bevor mer den Sendebattn drickt.

Des u´aschdennische Wort „**decken**" hätt´"**wecken**" hääße solle. Des is halt bassiert, weil ich mit meim dicke Daume anstatt mit emme Softstift do rumgetippt hab.

„Sorry", hab mich dann ach glei bei meinere Gabi entschuldicht.

Unn glei hot se mer zurickgschriwwe:

„Da bin ich mir nicht sooooo sicher (ob des werklich en Tippfehler war). Aber wäre auch nicht schlimm, bin ja schon groß. Gute Nacht, Heinz, schlaf gut. LG Gabi."

Henkelrabatt

Folchendie G´schicht hot mer än Kolleech aus´m Weschderwald, em Kannebäckerland, verzehlt, der Kachelöfe baut, Ofekachle unn ach Gebrauchskeramik selwer herschdellt:

Beim Glasiere vun ännere Kaffeetass´ hot er nooch em Brenne en klääner Fehler feschtgschdellt. „Na," hot er gedenkt: „ich hab´ wohl viel Arbeit mit dieser handgemachten Tasse gehabt, aber wegen dem kleinen Glasurfehler will ich sie doch nicht gleich zum Schutt werfen. Wenn ich sie für den halben Preis erstmal auszeichne, runde noch ein bisschen ab, ist das immer noch ein kleines Schnäppchen für den, dem die Tass gfällt".

An emme schääne Daach kummt ä Kundin in sein Verkaufsraum unn die Tass fallt ´re gleich in die Aache. Mein Kolleech weist se nochmol höflich druff hie, dass des Prachtschdick mol zehn Euro gekoscht hätt, awwer weche dem klääne, kaum bemerkbare Glasurfehler blooß noch die Hälft, nämlich fünf Euro koschde deet.

Die kreckst als noch do rum unn määnt, ob se die Tass net fer drei Euro kriege könnt´, unn des immer widder unn widder.

Des is dem Kollech so uff de Sack gange, dass er des gute Stück genumme hot, de Henkel an enre scharfe Kant agschlache unn zu dere „uffreechende" Kundin gsaacht hot: „ So, liebe Frau, jetzt können Sie das gute Stück für drei Euro haben".

Die hot dann fluchtartich unn beleidicht de Lade verlosse.

Mein Kolleech hot mir dann speeter verzehlt, dass es ihm lääd um die Tass, awwer gut gedue hot, nochdem die dumm alt Schachtel sein Lade verlosse hot.

Känn Deiwl

Es is schunn ä paar Johr her, seitdem mei Hals-Nase-Ohreärztin mir ä Eiweisung ins Schlooflabor ausgschdellt hot.

Dass es so ä Schlooflabor gibt, hab´ ich jo schun öfters gheert unn mir än großer Raum vorg´stellt, wu durch Trennwänd abgedäält is unn die Paziente irchendwie verkawelt in ihre Bette die Nacht rumbringen.

Wie ich awwer domols, weil ich jo so ferchderlich gschnarcht hab unn mit Atemaussetzer zu rechne war, in des Schlooflabor kumme bin, war ich agenehm iwwerrascht. Änzelzimmer – unn eigericht, fascht wie imme Hotel. Es waren dann werklich ä paar schääne Daache, die ich dort verbringe gedierft hab. Daachsiwwer, nooch de Visitt, hot mer spaziere gehe dierfe unn owends, nooch em Nachtesse, is dann des Prozedere mit der Verkawelung unn so weiter losgange.

Noochdem zwischezeitlich durch Unnersuchunge feschtgschdellt worre is, dass es doch erforderlich wär, dass ich widder än Korzurlaub im Schlooflabor gegönnt krich, hab ich mich riesich dodruff gfräät.

An emme rechnerische Mondaach bin ich dann mit meim Kefferle dort widder eigerickt.

Nochdem ich all die Froochebooche, wie üblich, ausgfillt hab unn die Ei´führungsgschbrääche mit dem Dokterpersonal rum waren, ging´s ach schun zum Nachtesse. Aschließend hänn die Paziente erfahre, wann se sich zur Verkawelung in dem entsprechende Raum ei´finne sollen. Ich hab dann noch des Vergnieche g´habt, mei Kinn vun unötischem Bartwuchs zu befreie, weil dort ach noch Uffklewer fer ä paar Sensore hänn a´hafte misse. Am Zehne, als ich dann in meim Bett geleche bin, hot dann des Schlooferlebnis a´gfange!

Als sich dann mitte in de Nacht mei Bloos gemeldt hot, dass se noch mol ä Entleerung braicht, hab ich de Notrufknopp gedrickt. Die Zimmerdeer is korz denooch uffgange unn ä hibschie, schwarzhoorischie, netti, jungie Nachtschweschder is reikumme, um mich fer den Toilettegang zu entkawle. Als mei G´schäft verricht war, hot sie mich widder in Onleinfunktion hergstellt unn ich bin ach glei widder ei´gschloofe.

Ob ich a´schließend vun dere iwweraus reizende Nachtschweschder geträämt hab, kann ich allerdings jetzt nimmi saache.

Uff ämol, so geche g´fühlte drei Uhr nachts, merk ich, dass sich jemand an meim Kopp zu schaffe macht.

Ich mach langsam de rechte Aachedeckel uff unn seh die blieteweiß gekleidet Nachtschweschder an meim Bett stehe. Mit sanfter Stimm hot sie mich dann a´gschbroche: „Sie brauchen kää Angscht zu hawwe, ich du blooß de Sitz vun denne Sensore uff ihrm Kopp kontrolliere". Do hab ich im Halbschloof ´re geantwort: „Ich hab kää Angscht. Es steht jo schließlich än Engel vor mer unn känn Deiwl!"

Unn ruckzuck bin ich glei widder eigschloofe unn hab´ weitergedräämt.

Als ich die G´schicht in unserm Literaturkreis vorgelese hab, sinn folchende Eiwänd kumme:

„Heinz, hättscht känn spannendere Schluss bringe können, wann du schunn mit enere hübsche Nachtschweschder ganz allä in emme Änzelzimmer bischt, dass es ä bissl prickelt unn noch ä bissl was los gewest wär?"

Stell dir mol vor, liewer Leser, so en alde Mann wie ich, der schun uff die Siebzisch zugeht, der vun de Waade bis zur Tonsur verkawelt is, dass er kaum noch die Schloofhos ausbringt. So en alter Knacker, der sich vielleicht beim Liewesschbiel abmieht, wie wann er en Sack Grumbeere die Trepp nufftraache misst.

Morschens is ä mords Gelächter im Iwwerwachungszimmer, wu die ganz Mannschaft vor dem Bildschirm sich platziert hot unn des Elend aguckt, wu nachts vun dere Kamera uffgenumme worre is, wu iwwerm Bett g´hange isch. Wann dich beim Frühstück jeder verschmitzt a´guckt, weil er mitkriecht hot, was do nachts bassiert is.

Wann mer häm kummt, ´s basst de Schlissel nimmi in die eiche Hausdeer, zwää Koffer stehn denewe mit emme Schild vun meim Eheg´schbonscht, wu druff steht: „Schaff dich doch zum Deiwl, du Luschtmolsch, unn ´s Bankkonto hab ich dir ach gschberrt!"

Nä, so en Schluss gibt's bei mir net!

Liewer nix unn so ins Bett, dass mer ach dehääm ruhich schloofe kann.

Wammer´s frieher gewisst hätt!

Eichentlich wollt ich ´n mit meine a´gfangene sechzich Johr nimmie hergewwe, mein Blinddarm. Awwer wie´s Lewe so schbielt, hott´s mich uff de Baustell erwischt, wie mer in Berchzawwere en Kachelofe repariert hänn. Es hot sich in meim Bauch a´gfühlt, als ob ich ä zwää Zoll massives Eiserohr rumtraache misst. Ich hab ach fascht nimmie vum Boode uffschdeiche känne.

Mein Mitarweiter hot mich dann erscht mol hääm g´fahre, weil ich jo vum Ofebutze rußisch wie ä dunklie Bitterschokladekuchl war.

Frisch geduscht, hot er mich zu de Hausärztin g´ fahre. Die hot mer am Bauch rumgedrickt mit dem Verdacht uff Blinddarmentzündung.

Nix wie ab ins Krankehaus – uff´m schnellschde Weech! Wie ich die Eiweisung dort beim Empfang hiegezeicht hab, hot mich der „Portjee" agegrinst unn ge-männt: „Noch so ään Alter mit´m Blinddarmproblem!"

Im Zimmer bin ich dann nochmol vum Dokter abgetascht worre unn der hot mer ach glei verzehlt, dass des ä größerie Narb gewwe werd.

Des war fer mich ach ganz offensichtlich, weil ich mer vorgschdellt hab, dass die mir noch einiches an Bauchfett wegschneide missen, bis se des bissl Wormfortsatz, den Blinddarm, finnen.

Geche Neune is dann ach die Nachtschweschder ins Zimmer kumme unn hot gschdöhnt: „Jetzt hab ich so än Stress unn muss Sie noch do unne rum rasiere, weil Se heit noch drakumme. Des hätt doch schun frieher ä annrie Schweschder mache känne!"

„Ach Schweschder", hab ich se getröscht, „wann ich des vorgeschdern schun gewisst hätt, do hätt´ ich bei ennere nette, attraktive Frisörmääschderin die Hoor schneide losse – unn des bissl do unne hätt se b´schdimmt ach noch mitmache känne, wammer´s halt frieher gewisst hätt!"

Weg der Erinnerungen in Landau

„So ä Schnapsidee, unn des in ennere alkoholfreie Kneip," denke ich mir, als Peter im Kreuzgewölbekeller der Kneipe „Kreuz und Quer" folgenden Vorschlag macht:

Er schlägt uns bei der Zusammenkunft der „Worthelden" vor, dass wir doch mal einen literarischen Spaziergang durch Landau machen könnten, unsere gesammelten Eindrücke zu Papier bringen und in einer gemeinsamen Leserunde vortragen könnten. Etwas abenteuerlich klingt das schon für mich, aber der Reiz des Unbekannten veranlasst mich dann doch zu dem Entschluss: da muss ich unbedingt mitmachen.

Wir treffen uns an einem sonnigen Samstag um 13 Uhr im Bistro „Kultur-Kantina", um den weiteren Verlauf des Vorhabens zu besprechen. Jeder bekommt ein Kärtchen überreicht, auf dem ihm ein bestimmter Bereich des Stadtzentrums zugewiesen wird.

Im Vorfeld habe ich mir Gedanken gemacht, was ich wohl zu Papier bringen möchte, aber mit dem, was auf dem Kärtchen steht, habe ich überhaupt nicht gerechnet.

Na ja, was soll´´s, man ist ja schließlich flexibel.

Bewaffnet mit Regenschirm, irischer Mütze mit einer Aufstickerei des Guinness-Emblems und ausreichendem Schreibwerkzeug mache ich mich auf den Weg. Man sagt ja, wenn man einen Regenschirm dabei hat, würde es nicht regnen und eine Mütze aus dem verregneten Irland kann vielleicht auch nichts schaden.

Vorbei geht der Weg an der Sparkasse, die gegen eine geringe Bearbeitungsgebühr und zu nicht nennenswertem Zinssatz mein Kleingeld gut behütet, hin zur Königstraße. Dann am schmutzig-braunen Wasser der Queich entlang. Infolge der außergewöhnlichen Regenzeit im Juni dieses Jahres führt sie große Wassermengen dem Vater Rhein und der Nordsee zu.

An der Wegkreuzung Kronstraße–Gerberstraße werde ich von südamerikanischen Rhythmen angelockt, die von einer Gruppe braungebrannter Sänger stammen und weithin zu hören sind. Weiter führt mich mein Spaziergang in Richtung Stiftskirche.

Von dem Gebäude gegenüber dem Glockenturm, in dem sich jetzt die Schuhgalerie befindet, grüßt mich die Büste des Götz von Berlichingen, jedoch ohne das allseits bekannte Zitat.

Als ich etwas später die Langstraße in Richtung Schillerpark entlanggehe, entdecke ich vor dem Haus Nummer sieben zwei Stolpersteine aus Messing auf dem Gehweg.

Darin sind die Namen von Elsa und Ludwig Teusch eingraviert sowie der Vermerk, dass beide 1940 deportiert wurden. Nach dieser traurig stimmenden Erinnerung an eine Zeit, die ich nicht erleben musste, verläuft mein Weg weiter zur Ecke Westring – Nordring.

Aus schweren gelben Sandsteinquadern errichtet, bringt mir die Nordringschule eine Erinnerung zurück an das Jahr 1967, als wir das erste Mal mit dem Moped von Speyer nach Landau gefahren sind. Wir, das waren Günther, Heiner und ich.

Mein Onkel Robert hatte mir damals sein grünes Moped, ein NSU-Quickly-Modell, geschenkt. Dieses Gefährt, das ich „Huttl" genannt habe, hatte ich mit schwarzem und braunem Lack tarnfarbig wie ein Armeefahrzeug lackiert, da ich damals oft im Wald unterwegs war.

Eines schönen sonnigen Maitags haben wir drei beschlossen, zum Landauer Maimarkt zu fahren. Damals sind wir durch die vom Verkehr weniger frequentierten Dörfer gefahren.

An der Nordringschule, links neben dem Eingang, wo das Gebäude etwas zurückgesetzt ist, haben wir unsere Mopeds abgestellt. Nachdem wir uns auf dem Maimarkt mit Bratwurst gestärkt und etwas getrunken hatten, sind wir wieder nach Speyer zurück gefahren.

Jedes Mal, wenn ich heute an der Nordringschule vorbei fahre, denke ich an den schönen Maiausflug – leider auch daran, dass Heiner schon seit vielen Jahren nicht mehr lebt.

Weiter leitet mich mein Weg vorbei am Max-Slevogt-Gymnasium und lässt die Erinnerung wach werden, dass ich dort vor vielen Jahren Judo trainiert habe und bei der Prüfung für den orangenen Gürtel durchgefallen bin.

Nachdem ich in die Marktstraße nach rechts Richtung Paradeplatz eingebogen bin, mache ich noch einen Abstecher zur Katharinenkapelle.

Als krönenden musikalischen Abschluss bekomme ich dort die schönen Lieder für eine bevorstehende Taufe geboten, die eine junge Frau mit Gitarrenbegleitung singt.

Auch in der Katharinenkapelle kommt mir eine Zeit ins Gedächtnis, in der ich einem technisch interessierten Publikum einen Vortrag über ein von mir patentiertes Heizsystem gehalten habe.

Damals war im „Alten Kaufhaus" eine Ausstellung über regenerative Energien, und die Vorträge hat man in diese Kapelle ausgelagert.

Im Eiscafé „Dolce Vita" schreibe ich dann bei einem Spaghetti-Eis „alles" ins Reine.

Der Wettergott ist mir bis auf einen kleinen Regenschauer auch gnädig, wobei sich doch die Weisheit mit dem Regenschirm bewahrheitet. Vielleicht hat die irische Mütze dennoch den Regenschauer angeregt. Wer weiß?

Abschließen möchte ich meine Erinnerungen mit einem Zitat des Autors Wolfgang Diehl:

„Es ist nicht das Wichtigste, wieviel ich geschrieben habe und ob es gelesen wurde. Hauptsache ist, dass ich es geschrieben habe."

Inhaltsverzeichnis

Vorwort 3
„...glaabscht dann des ?" 5
   Mensche wie du unn ich – unn annere 6
Juchendfaulheit 7
Englisch, nix wie Englisch 8
Kaffeeklatsch 9
Alteise 10
Schuldebuckl 11
Borjemääschders Los 13
Es ist halt schön 15
Es is halt schää 15
Leider 16
Beriehmt 16
Ru(h)m 17
Verdauscht 18
Schunn? 20
De Pedder Fritz 22
Alsfort 23
So ä Pech awwer aa! 24
Sippetreffe 26
´s schänschte Wort im Wortschatz 28
Hätt´scht des gedenkt? 29
Ab unn zu 30

Fettabbau? 32

Urlaubsvorbereitung 33

   Holdi Weiblichkeit, die Fraa 34

Aacheblicke 36

Diefblickende Aacheblicke 37

Schdringtanga 37

Männerg´schbrääche 38

Glicksmomente 39

Nur desweeche ? 39

Multifunkzional 40

Herzensa´gelecheheit 41

Verliebte Aacheblicke 42

Koschtbarkeite 43

Weibliches Lächeln 44

Beim nächschde Mol… 45

Partnerleasing 46

Bschluss 47

D´ Magreet 48

Fünf Kusslscher 48

Chrischtl vun de Poscht 49

Pälzer Vagabund 50

Haushaltsolympiade 51

Rum is rum! 53

D´ Schwischermudder 54

Wie lang eichentlich? 55

Der perfekte Mann	56
Romanzekiller	57
Ä bissl Technik – ä bissl gschäftlich	58
	58
Fer umme ?	59
Guder Compjuder	61
Defragmentiert	62
Äppes	63
Notfalldoos	64
Ausblicke	65
Süß – süßer – am süßesten	66
Viechereien	67
Fer d´Katz?	68
Gockeleie	69
Mein Goldfisch	69
Koppwackeldackel unn d´ Papierklooroll	70
Scheiß Micke	71
Schnookechores	72
Maus im Haus	74
Deshalb!	75
Zum Einzug	75
Leo	76
Zum Fresse gern	77
Reschewormbluus	78
Äbissl alles durchenanner	81

Geklärt unn u´geklärt	82
Hammermääßich	83
Schämscht dich net?	84
Kuppermünze	85
Kreizl unn Kreiz	86
Tonsur	87
Schäpp	87
De Schbreisl	88
Rache der Waldgeischter	89
Gaadeärwet	90
Hexenacht	91
Rodie Brieh	92
Eikaafsbumml	93
Bazill	94
Noochdischgewitter	95
Maachebitter	95
Erschder Rausch	96
Quiz-Duell	97
Geworschtelt	99
Zum Johresend	99
Sparsamer Oschderhaas	100
Verschoweni Weihnachte	100
Rund um die Kersch	101
Pälzer Biwl	102
Lese fer de Dom	103

De Kaiserdom zu Speyer	104
Weil mei Großmudder ä Mädl war!	105
Fääschefeier	106
Glaabscht`s du?	108
Ä kläänie Sünd?	109
Druckfehlerdeiwl	109
Danke	110
Mein Freund	111
Besinnlich unn noochdenklich	114
	114
Schau in den Spiegel	115
Mein Herzenswunsch	118
Honich im Kopp	119
Iwwerm Berch	120
Ich wääß es noch!	121
Bremsbelääch	123
„Ich kann ders nit saache"	124
Wortschbielereie	126
Dicht, Dichter, am dichteschde	127
Gut, besser, geil	127
Weihasser	128
Thema Wei	129
Landwertschaft	130
Ebbes a´gschdellt ?	131
Ebbes Kläänes	131

Ebbes zum Heile	131
Ebbes g´sucht	132
Ebbes gerett	132
zwäbbes	132
Stännich!	133
Gedenkt	134
Jenseits vun de Palz	135
	135
Nordfriesische Inselliebschaften	136
Dithmarscher Liebesleben	137
Ostfriesisches Inselhüpfen	139
Schbätzlkriech	140
Soure Kuattle	141
Badischer Auswanderer	142
G´schichte unn Anekdote	143
Nomen est omen	144
Erschder Haftpflichtschade	146
A´rufbeantworterg´schprääche	149
Blooß bissl verrutscht	150
Henkelrabatt	153
Känn Deiwl	155
Wammer´s frieher gewisst hätt!	159
Weg der Erinnerungen in Landau	161
Gar net schwer!	182

Die nächschde Seite, die bleiwen noch frei,
vielleicht kummen noch paar Gedichtle nei!

des Biech´l, des is dofor gut,

dass mer do drin ´was lese dut!

Manche Mensche dun ach gerne

´was draus ausewennich lerne.

Odder ´s is defor gedenkt,

dass mer´s liest unn dann verschenkt.

Du kannscht jedoch, uhne Bedenke,

zuerscht drin lese – dann verschenke!

Übersetzungen

adschee	- adieu
äfach	– einfach
alle Gebot	– jeden Moment
annere	– andere
arich	– arg
Babbe	– Papa/Vater
bassiert	– passiert/geschieht
bassiert	– geschehen/geschieht
Bazill	– Bazille
Beißzang	– Kneifzange
beriehmt	– berühmt
beruhischend	– beruhigend
beschriwwe	– beschrieben
besunnrie	– besondere
bieche	– biegen
binn	– binde/anbinden
bischt	– bist
guuder	– guter
Hosenscheißer	– Angsthase
Biwl	– Bibel
Bix	– Büchse/Sparbüchse
Blooß/blooß	– Blase/nur
Bosse	– Dummheiten/Streiche/Bosheiten
Bremsbelääch	– Bremsbeläge
Briefbot	– Postbote
bschdimmt	– bestimmt
Daach	– Tag
dabber	– hurtig/schnell
daucht	– taugt
de änd	– der eine
Deer	– Tür
Deerschlenk	– Türklinke
deet	– täte/würde
degeche	– dagegen
dehääm	– zuhause
Deiwlskaschde	– Teufelskasten (PC/Smarphon usw.)

Dellerrand	– Tellerrand
Derfl	– Dörfchen
dodebei	– dabei
dohie	– da hin
dohinn	– hier drinnen
Drache	– Drachen
Dun	– tun
duscht	– tust
ebbes	– etwas
Edelschdää	– Edelstein(e)
enner	– einer
es Bescht	– das Beste
eweso	– ebenso
Ferz	– Fürze/Pupser/Magenwind
Feschtplatt	– Festplatte
Figierle	– Verniedlichung von Figur
finne	– finden
Flichel	– Flügel
Fluchzeich	– Flugzeug
Fröschl	– kleiner Frosch
Frooch	– Frage
froochlich	– fraglich
fuchsdeiwlswild	– fuchsteufelswild
g´schlappt	– gegangen
Gaadeärwet	– Gartenarbeit
Gaadedeerle	– Gartentür
Geberch	– Gebirge/Berg
gebliwwe	– geblieben
geheert	– gehört
Geischt	– Geist
geloche	– gelogen
Gemäänerat	– Gemeinderat
geschmiert kriegen	– geschlagen werden
gewesst	– gewesen
gheert	– gehört
glaab	– glaube
glaabscht	– glaubst

glaawe	– glauben
Goldfisch-Schdeier	– Goldfisch-Steuer
Goldschdick	– Goldstück
gschdritte	– gestritten
gschriwwe	– geschrieben
gut druff	– gut beisammen sein/fröhlich sein
guuder	– guter
Häämweh	– Heimweh
Haisl	– Häuschen/kleines Haus
häkle	– häkeln
hawwe	– haben/leiden
Heerer	– Hörer/Telefonhörer
heilt	– weint
Hexenacht	– Walpurgisnacht
hinne	– hinten
hinnenooch	– danach
hinner	– hinter
hocke	– sitzen bleiben/nicht versetzt werden
holscht	– holst (du)
Hossesack	– Hosentasche
Hosseboode	– Hosenboden
Hosseschisser	– Hosenscheißer
Innelewe	– Innenleben
iwwersetze	– übersetzen
iwwertriwwe	– übertrieben
Johr	– Jahr/Jahre
Juchendfaulheit	– Jugendfaulheit
katt	– gehabt
Kersch	– Kirche
Kicheschrank	– Küchenschrank
Kinnerklääder	– Kinderkleider
Kittelschorz	– Kittelschurz

klää	– klein
Klää Schifferstadt	– Klein Schifferstadt (Ortsteil von Schifferst.)
Klääder	– Kleider
Kläägemüs´	– Kleingemüse (Kinder)
Klapp (halten)	– Mund halten/ruhig sein
klappt	– funktioniert
Kloo	– Klosett/WC
korzi Zeit	– kurze Zeit
Koschtbarkeite	– Kostbarkeiten
Kraiterbitterschnaps	– Kräuterbitterschnaps
Kreiz	– Kreuz
Kreizl	– Kreuzchen
krieche	– kriegen/bekommen
kuchlrund	– kugelrund
Kunfermandeunnerr.	– Konfirmandenunterricht
Kunschtschdick	– Kunststück
Kusinsche	– Cousine
Kusselscher	– Küsschen (hier Ferrero Küschen)
laafe	– laufen
Lautre	– Kaiserslautern
leche	– legen
Loscht	– Lustadt (Ober- und Unterlustadt)
loss	– lasse
Maache	– Magen
Maachebitter	– Magenbitter
määnt	– meint
Määschder	– Meister
Magreet	– Margarethe
meglichscht	– möglichst
mer ´n	– wir ihn
Micke	– Mücken/Fliegen
Middaach	– Mittag
Mischt	– Mist
Mischtkaut	– Misthaufen

morsche	– morgen
Münche Paul	– Paul Münch (Mundartdichter †)
Nadurschauschbiehl	– Naturschauspiel
närrsch	– vernarrt
Neies	– Neues
Neischdatt	– Neustadt an der Weinstraße
net´s	– nicht das
nimmie	– nicht mehr
Notfalldoos	– Notfalldose
Oschderhaas	– Osterhase
owens	– abends
Päckelscher	– Päckchen
Paisl	– kleine Pause/Verschnaufpause
Pedder	– Patenonkel
Penning	– Pfennig/Pfennige
planscht	– planst du
Poscht	– Post
prima druff	– gut gelaunt
Rhoibrick	– Rheinbrücke
Riesedunner	– Riesendonner
Rondewu	– Rendezvous
rumzuschbaade	– umzuspaten
Sackduch	– Taschentuch
schää	– schön
schämme	– schämen
Schbazieregeh	– beim Spazierengehen
schbeeter	– später
Schbichl	– Spiegel
schbielt´	– spielte
Schbreisl	– Holzsplitter
Schbrooch	– Sprache
schdeigscht	– stehst/aufstehen
Schdersch	– Störche
schdickl	– ein Stückchen
ä Schdickl	– kleines Stück
Schdielsche	– kleiner Stuhl

Schdorsch	– Storch
Schdrooß	– Straße
schdruwwelich	– zersauste Haare
schillt	– schimpft
schloofe	– schlafen
schlooft	– schläft
schmeißt	– wirft
schnawweliert	– erzählt
Schockelgaul	– Schaukelpferd
Schtaibsche	– Stäubchen
schteht	– steht
schunn	– schon
sofer	– solchen
Stunn/Schdunn	– Stunde
sunnich Gemiet	– sonniges Gemüt
sunscht	– sonst
träämt	– träumte
uff	– auf
uff ämol	– auf einmal
uffgebasst	– aufgepasst
uffzuschreiwe	– aufzuschreiben
Urlaubsdrääm	– Urlaubsträume
uscheniert	– ungeniert
Vadder	– Vater/Papa
verdricke	– abhauen
verschnawweliert	– gegessen
vertraache	– vertragen
Vordääl	– Vorteil
wääß	– weiß/wissen
widder	– wieder
wiegscht	– wiegst
Wiss	– Wiese
wohr	– wahr
Wooch	– Waage
wu anne	– wo anders
wunnerschää	– wunderschön
zamme	– zusammen

Zepp	– Zöpfe
zicke	– zickig sein
zieh Leine	– verschwinde/hau ab

Gar net schwer!

Es is gar net schwer,
sich selwer uff de Arm zu nemme,
egal, wie schwer dass mer ach is.
Unn wann en annerer nur do driwwer lächelt
odder schmunzelt
unn sich ä bissl deshalb fräät, bedankt der sich
domit fer so ä kläänes Gschenk!

Ich hab des Buch, mei zwättes, des veröffentlicht
werd, mit Herzblut gschriwwe unn mit dem Buch,
liewe Leserin unn liewer Leser, soll so ä G´schenk
erreicht werre, ach wann ich nett um besinnliche
Beiträäch rumkumme bin.

Es is halt mol so, wie ach de Titel vun meim
erschschde Buch „ach, du liewes Lewe"
saacht, net alles heiter unn die heitere Beiträäch
sollen ä Gutsel sei, die besinnliche Seite im Lewe
leichter zu ertraache.

2015 erschienen sind im BoD-Verlag:

Ä bissl Pälzisch – ä bissl Hochdeitsch

....ach du liewes Lewe

als Taschenbuch

DIN A4, Einband Paperback, 116 Seiten

und

als gebundene Ausgabe

DIN A4, Einband Hardcover kaschiert
172 Seiten „Großschrift"